基于承载力的城市综合开发项目评价模型与方法研究

李艳飞　著

经济科学出版社

图书在版编目（CIP）数据

基于承载力的城市综合开发项目评价模型与方法研究／
李艳飞著. —北京：经济科学出版社，2015.9
ISBN 978 - 7 - 5141 - 6142 - 7

Ⅰ.①基… Ⅱ.①李… Ⅲ.①城市开发 - 综合开发 -
项目评价 - 研究 Ⅳ.①F291

中国版本图书馆 CIP 数据核字（2015）第 240515 号

责任编辑：凌　敏　程辛宁
责任校对：徐领柱
责任印制：李　鹏

基于承载力的城市综合开发项目评价模型与方法研究
李艳飞　著
经济科学出版社出版、发行　新华书店经销
社址：北京市海淀区阜成路甲 28 号　邮编：100142
教材分社电话：010 - 88191343　发行部电话：010 - 88191522
网址：www. esp. com. cn
电子邮件：lingmin@ esp. com. cn
天猫网店：经济科学出版社旗舰店
网址：http://jjkxcbs. tmall. com
北京密兴印刷有限公司印装
710 × 1000　16 开　11.75 印张　200000 字
2015 年 10 月第 1 版　2015 年 10 月第 1 次印刷
ISBN 978 - 7 - 5141 - 6142 - 7　定价：36.00 元
（图书出现印装问题，本社负责调换。电话：010 - 88191502）
（版权所有　侵权必究　举报电话：010 - 88191586
电子邮箱：dbts@ esp. com. cn）

前　言

　　近十几年来，我国大型的城市综合开发项目较多，例如，大型的城市功能区的开发改造项目、大学城的建设、交通枢纽工程项目等。这些项目在改善城市面貌、促进经济增长的同时，在建设和运营的过程中出现了若干问题，主要表现为投资盲目、对自然和历史环境破坏程度大、基础设施不配套以及在拆迁过程中的一些社会问题等。这些问题的出现，是由于在项目的决策阶段忽略了城市综合开发项目与城市承载力的双向关系的评价而造成的。城市综合开发项目与城市的发展和功能的完善有着密不可分的关系。城市综合开发项目的建设通常是为了弥补城市功能的某些"缺口"，提升城市功能，也就是提升城市的综合承载力水平；同时，项目的建设和运营的过程中也受到城市经济、自然环境、社会等各方面因素的影响和制约，要综合评价城市的自然环境、现有基础设施、经济和社会是否能够满足城市综合开发项目的需求。基于此，本书运用了文献调研、案例研究和问卷调查相结合的方法展开了基于承载力的城市综合开发项目评价模型与方法的研究，对城市的综合承载力与大型城市综合开发项目之间的双向制约关系进行了分析，构建了基于城市承载力的大型城市综合开发项目评价模型和指标。

　　本书在以下几个方面开展了创新的研究，论述如下：

　　1. 研究并构建了基于承载力的城市综合开发项目评价模型

　　城市综合开发项目与城市承载力关系密不可分，城市综合开发项目是提升城市承载力的直接途径，同时，城市综合开发项目的正常建设和运营也需要城市承载力的支持。城市综合开发项目若不考虑这种双向制约的关系，不仅不利于城市综合承载力的提高，也会给项目的建设和运营带来诸多问题。本书提出了这个新的研究视角，并构建了基于承载力的城市综合开发项目的评价模型，提出在项目启动阶段，要综合评价城市综合开发项目对城市承载力的贡献以及对其依赖性。首先，要评价城市开发项目对于承载力的贡献，能够弥补承载力缺口的项目才得以启动，这是解决当前城市"承载力不足"和"承载力过剩"问题的基本准则和途径。同时，要评价城市承载力对城市综合开发项目的影响，只有充分地认识到城市经济承载力、基础设施承载力、社会承载力和自然环境承载力对城市综合开发项目的支持与否以及支持程度，才能够避免城市综合开发项目中出现的若干问题。

2. 构建了全新的城市综合开发项目受城市承载力影响的评价指标

城市综合开发项目受到城市综合承载力的影响和制约，本书运用文献调查、案例分析的方法对城市综合开发项目的影响和制约因素进行了分析，确定了影响项目建设和运营的城市自然环境、城市基础设施、城市经济和社会四个承载力因素，构建了城市承载力对城市综合开发项目影响评价的指标体系。本书使用问卷调查法通过专业人士对这些指标进行评分，对指标体系进行删选，论证了指标体系的科学性和有效性。

3. 研究并提出了城市开发项目承载力不足的提升方法

本书运用规范的研究方法通过对承载力的基本内涵的分析研究了城市综合开发项目承载力不足的提升方法。承载力的基本内涵包括压力和承压系统两个方面，是否在承载范围内，不仅要看承载系统的承压能力，也要看压力源所产生压力的大小。当前对于承载力的提升方法的研究通常是从提升承载系统的承载能力来考虑的，然而，在某些情况下，降低压力源的压力是解决承载力不足的唯一途径。一部分基础设施承载力不足可以通过城市开发项目自建来弥补，而自然环境、经济和社会承载力系统都是不能够轻易改变的，在这种情况下，城市综合开发项目的规模和方案要适应当前承载力的水平，才能够避免城市开发项目中的诸多问题。

　　本书虽然几易其稿，但是由于是一个新的研究问题，其内容和观点难免会存在某些瑕疵和不成熟之处。在此，敬请专家和同仁不吝赐教。

李艳飞

2015 年 5 月

目　　录

第一章 绪 论

城市化的进程越来越快，到 2025 年世界 65% 的人口要居住在城市[①]。我国在 20 世纪 70 年代后期改革开放以来，城市化进程的不断加快，多种类型的城市综合开发项目已经成为城市建设的主要模式。这些开发项目包括城市新的功能区的建设（包括城市经济技术开发区、大学城、金融城等）以及老城区的改造等一些综合性质的项目。这些项目推动了城市功能的完善，促进了城市经济的发展，提高了城市居民的生活水平。这些城市综合开发项目与城市的发展和功能的完善有着密不可分的关系。项目的开发和建设通常是为了弥补城市功能的某些"缺口"，提升城市功能，也就是提升城市的综合承载力水平；同时，项目的建设和运营的过程中也受到城市经济、自然环境、社会等各方面因素的影响和制约。如果忽略城市综合开发项目与城市综合承载力的关系，则会造成诸多问题，表现为：有些项目在策划时忽略了对城市承载力的贡献的评价，造成城市"承载力不足"和"承载力过剩"同时并存的现象；有些项目对自然环境造成巨大的负面影响，造成了环境风险；有的开发项目带来了城市社会结构的变化和利益格局的重新分配，使社会结构严重失衡，会带来严重的社会问题。此类问题的出现，是因为在项目的决策阶段忽略了城市综合开发项目与城市承载力的关系评价。基于此，本书展开了基于承载力的城市综合开发项目评价模型与方法的研究，对城市的综合承载力与大型城市综合开发项目之间的双向关系进行了分析，构建了基于城市承载力的大型城市综合开发项目评价模型和方法。

第一节 研究背景与问题的提出

本节将论述本书的研究背景，指出城市化进程不断加速的情况下提升城市

---

① Schell L. M., Ulijaszek S. J. Health and Human Biology in Industrialized Countries [M]. London Cambridge University Press, 1999: 59 – 60.

承载力的必要性，同时论述城市综合开发项目在实际开发和建设的过程中存在的问题，并在此背景下提出研究问题。

一、研究背景

城市化进程不断加快迫切需要提高城市综合承载力，同时催生了大量的城市综合开发项目。然而，城市综合开发项目在建设和运营过程中出现了一些经济和社会问题。本书的研究正是基于这样的背景而展开的。

（一）城市化进程的加快要提升城市的综合承载力

中国是一个要完成十几亿人口城市化进程的大国，新中国成立以来中国城市化水平从新中国成立时的 10.64%，到 1978 年的 17.92%，到 2007 年的 44.90%，到 2010 年已经达到了 47.50%。1949 年以来我国的城市化率增长情况见表 1 - 1。

表 1 - 1   1949 ~ 2010 年我国的城市化率

年份	数据	年份	数据	年份	数据	年份	数据	年份	数据
1949	10.64	1962	17.33	1975	17.34	1988	25.81	2001	37.66
1950	11.18	1963	16.84	1976	17.44	1989	26.21	2002	39.09
1951	11.78	1964	18.37	1977	17.55	1990	26.41	2003	40.53
1952	12.46	1965	17.98	1978	17.92	1991	26.37	2004	41.76
1953	13.31	1966	17.86	1979	19.99	1992	27.63	2005	42.99
1954	13.69	1967	17.74	1980	19.39	1993	28.14	2006	43.90
1955	13.48	1968	17.62	1981	20.16	1994	28.62	2007	44.94
1956	14.64	1969	17.50	1982	21.13	1995	29.04	2008	45.68
1957	15.39	1970	17.38	1983	21.62	1996	28.62	2009	46.59
1958	16.25	1971	17.26	1984	23.01	1997	29.92	2010	47.50
1959	18.41	1972	17.13	1985	23.71	1998	30.40	2011	47.00
1960	19.75	1973	17.20	1986	24.52	1999	30.89		
1961	19.29	1974	17.16	1987	25.32	2000	36.22		

资料来源：根据《中国统计年鉴》历年数据整理而成。

城市化的加快会带来了更多的城市人口，城市化水平每提高一个百分点，城市人口就会增加 1500 万人左右。新增人口需要在城市就业、居住、通行、看病、上学等，对城市的经济、环境和社会承载力提出了新的要求。如何提高城市综合承载力，不仅关系到城市居民正常的生产和生活，也关系到整个国家的城市化进程和经济较好的发展。因此，城市承载力研究的重要性已经引起了学术界的关注，政府部门也意识到提高城市承载力水平的重要性。在 2005 年 1 月建设部下发的《关于加强城市总体规划修编和审批工作的通知》中指出，要分析资源条件和制约因素，重点研究城市的综合承载能力，着重解决好资源保护、生态建设、重大基础设施建设等制约城市发展的主要环节。由此可见，提高城市综合承载力水平，是一个重要的学术问题，更是一个关系着人类可持续发展的实践问题。

（二）城市综合开发项目在城市扩张和更新过程中发挥了重要的作用

城市化进程的加快，城市人口的不断增加对城市承载力提出了更高的要求，当城市承载力存在着缺口时，就需要启动新的城市开发建设项目，从而弥补缺口。这种需求不断推动了城市规模的扩张，同时也引发了一轮大规模的旧城区的开发改造。因而，近年来我国的城市新区的开发建设、老城区改造的力度都非常大，从而催生了大量的综合开发建设项目。这些项目包括经济技术开发区、大学城、金融城等一些功能新区的建设项目和老城区的综合改造项目等。

城市功能新区的建设在近几年发展得很快，主要表现为城市的经济技术开发区、教育功能新区（大学城）和其他的一些功能新区的建设。改革开放以来，我国建设了广州大学城、松江大学城等 50 多个大学城，各个省市为了集中教学资源，扩展教育平台，都开发建设了数个大学城。同时，改革开放后，我国的经济技术开发区的建设如火如荼地开展，各个城市无论大小，都在积极的建设经济技术开发区，招商引资，从而达到促进经济增长的目的。从商务部网站获悉，到 2012 年 1 月，全国国家级经济技术开发区数量增至 128 家①。这些城市功能新区的建设极大地促进了城市经济的发展，增加了就业机会，提高了城市综合承载力。有关各地的城市功能新区的开发项目如表 1 - 2 所示。

---

① 国家级经济技术开发区名单. 中华人民共和国商务部主页，http：//www. mofcom. gov. cn/xglj/kaifaqu. shtml.

表1-2   城市功能新区的开发项目

类　　　　型	案例名称
教育功能新区	广州大学城、松江大学城、重庆大学城、廊坊大学城、深圳大学城等50多个大学城的建设
金融功能新区	于家堡金融商务区（天津）、陆家嘴金融贸易区（上海）
技术经济开发区	北京经济技术开发区、天津经济技术开发区、西青经济技术开发区、武清经济技术开发区、秦皇岛经济技术开发区、廊坊经济技术开发区、沧州临港经济技术开发区、太原经济技术开发区、大同经济技术开发区、呼和浩特经济技术开发区等共128个

　　另外，各地掀起了旧城更新的热潮。20世纪90年代以后，我国城市经济体制发生较大变化，尤其是在土地有偿使用制度实施之后，城市的土地价值和城市公共设施的价值得以体现，土地级差地租使得城市中心区地价迅速提高。旧城区一般位于城市核心区，公共设施完善，升值潜力巨大，因而成为投资开发热点。同时，大规模的新城区开发为旧城区更新创造了有利条件，使旧城区有可能重新进行功能定位。近年来，我国的城市中心的开发改造项目数量较多，规模较大。本书对于天津、北京、上海、重庆四大直辖市的城市改造项目进行了文献调研与实地调研，对近年来的城市更新改造项目进行整理，如表1-3所示。

表1-3   近年来城市更新改造项目案例

项目名称	时　　间	概　　况
天津市海河改造项目	2003年开始	海河是天津的经济文化载体。海河改造涉及6个商贸区的开发建设、海河堤岸改造、海河桥梁改造工程等
北京市后海改造项目	2007年开始	后海是什刹海的一个组成部分，是北京城内700年以前元大都时期的古老水域。经过改造，不仅保留了北京的传统文化底蕴，而且包容了西方的文化元素，聚集了大量的人气，充满了生命力
上海新天地广场改造项目	1999年开始	位于上海黄浦的黄金地段，以石库门里弄建筑为主，改造前基础设施陈旧、配套管理不足，经过改造，建成了集商业、文化、休闲与居住为一体的大型的现代化综合区域，并保留了该地区独特的建筑风格和历史文化
重庆市渝中区十八梯地区的改造项目	2010年开始	十八梯曾是重庆最繁华的街市，但当时是重庆最破旧的街区，通过民意调研，2010年该地区住户开始搬迁。该地区的改造将以保护、利用与更新为根本，体现历史风貌，完善城市功能，提升城市形象

续表

项目名称	时 间	概 况
天津老城厢的城市更新改造项目	2003 年全面拆迁开始	老城厢是天津城市的发源地，历史上曾经的政治、军事、经济和文化中心，也是当地城市生活中津味文化集中体现的区域。但是由于基础设施落后，从 2003 年开始全面拆迁。至今已经建设成为津味文化传承地，同时又成为天津商业贸易的中心之一

资料来源：笔者根据调研资料和实地访谈资料整理。

（三）城市综合开发项目在建设和运营中出现了诸多问题

这些城市综合开发项目的建设改变了城市的面貌，促进了区域经济的发展，然而也不可避免地存在诸多问题，表现为：

1. 一些开发项目出现盲目投资的现象

城市综合开发项目一般都是具有一定公益性的项目，一般是依靠政府财政投资或者政府担保的贷款进行投资。既然是公益性的项目，目的就应该是为了提高城市的公共福利和公益化水平，提高城市的自然、基础设施、经济和社会承载力水平。而我国当前的城市综合开发项目在一定程度上存在着盲目性和政绩驱动性，致使城市的综合承载力存在着"承载力不足"与"承载力过剩"同时并存的现象。

由于不受市场规律制约，不考虑投入产出，致使城市综合开发项目中能够体现政绩的项目得到优先开发，导致了城市在某一方面的承载力超过了实际需要，造成了城市这些方面承载力的过剩，使资源得到了严重的浪费。据世界银行估计，"七五"到"九五"期间，中国投资决策失误率30%左右，资金浪费损失大约在40000 亿~50000 亿元。例如，中国的 600 多个城市中，竟然有183 个城市提出要建立国际化大都市，30 个要建中心商务区。安徽阜阳就是一个典型的案例。20 世纪 90 年代初，原阜阳政府提出将阜阳建成淮北大都市的设想，耗资 3.2 亿元建一个国际大机场，政府官员、教师、农民人均被摊派数百元机场建设费。但机场勉强运营一年后，被迫关闭，而政府财政欠下了许多债。

而另一方面，却存在着城市承载力严重不足而没有相应的开发项目去弥补的现象。城市的给排水、电力基础设施承载力不足，城市的基础教育设施不足、医疗服务不足，都需要相应的城市综合开发项目去予以支持。

由此可见，城市综合开发项目应该与城市的承载力紧密联系。城市综合开发项目的发起应该是为了弥补城市承载力的不足。城市承载力在某些方面存在不足，才需要综合开发项目，而当前我国的城市综合开发项目很少从城市承载力的缺口上去进行评价，造成了城市"承载力不足"与"承载力过剩"同时并存的现象。

2. 城市综合开发项目在运营过程中经常出现基础设施配套滞后的现象

一些远离市区的大学城、开发区等城市综合开发项目，常常遭遇交通、通讯、水电等基础设施配套不完善的现象。从交通上来说，这些项目在其开发和使用过程中仍然借助城市中心区的经济与社会资源，因而有比较大的与市区的通勤需求，而城市综合开发项目的交通则不能够满足这样的需要。例如，一些大学城项目，交通不方便，给教师和学生的出行带来了很多问题。尹应梅对广州大学城的交通出行状况采用问卷调查的方式进行了研究，发现居民出行不便，对大学城的正常运行产生了很大的影响。表现在广大乘客对公交现状满意度不高，公交车等待时间长而且很拥挤，地铁票价偏高①。除了困扰城市综合开发项目的交通问题，城市综合开发项目还存在电信和网络不通，水电等生活基本设施维修不便等诸多问题，严重制约了城市综合开发项目效益的发挥。而市区的一些城市综合开发项目，例如，金融中心的建设、市区商业中心的建设，同样也面临着停车难、交通不便等问题。

这些问题是由于城市综合开发项目在决策评价的过程中，忽略了城市基础设施对于城市综合开发项目承载能力的评价而带来的。当城市的交通等基础设施不足以承载项目的建设和运营时，项目就要重新选址，或者有相应的城市规划的修订（如地铁线延长等），以获得城市基础设施对项目的支持。

3. 一些城市综合开发项目带来了一些社会问题

城市综合开发项目在建设过程中，超过了社会承载力阈值，带来一些社会问题。主要包括强制拆迁、拆迁补偿问题，以及失地农民就业问题。据统计，从 2006 年开始国家信访办接受的上访事件中，排在第一位的就是因拆迁发生纠纷而引发的，几乎 90% 以上的拆迁上访是因为拆迁补偿款太低，并且房屋遭到了强制拆迁、暴力拆迁。而在建设部，将近 90% 的上访是因为拆迁引起的纠纷②。2008 年甘肃陇南曾经发生了 2000 多拆迁户集体上访，后因处理不当演变成群体性事件。除了上访这种形式影响了社会的稳定，因拆迁而引发的自焚事件时有发生，社会反响很大。例如，2009 年内蒙古赤峰市、成都市金

① 尹应梅. 广州大学城公共交通现状调查分析与对策［J］. 交通与运输，2009（7）：117 - 120.
② 邵慰. 城市房屋拆迁制度研究［D］. 大连：东北财经大学博士论文，2010.

牛区、青岛胶州等地发生多起因为拆迁和反拆迁的暴力事件①。被拆迁者对于拆迁者的暴力拆迁行为，采取自焚的方式给予反抗。这些社会性事件的发生影响了社会的稳定，是社会承载力失控的重要表现。

城市综合开发项目是在一定的社会关系和社会结构下进行的，城市综合开发项目的开发与建设是社会利益的一次重构过程，在这个过程中政府、开发商和公众都参与其中。在这个重构过程中，有些人受益，有些人受损，为了达到利益的平衡和社会的和谐，在开发过程中要对于受损方给予一定的补偿，从而达到社会的和谐，同时也能推动城市综合开发项目的顺利进行。而一旦分配均衡打破，则会突破和谐社会的承载力，从而引发拆迁和反拆迁的社会事件。如果在城市综合开发项目评价的过程中忽略了社会承载力对项目的影响和制约，则会影响到项目的正常的建设和运营。

4. 一些城市综合开发项目破坏了自然环境和文化历史

城市综合开发项目的建设一定会对自然生态条件产生一定的影响，使区域的原生态遭到破坏，但是不能超过一定的生态承载值。一些城市综合开发项目为了节约成本或项目施工方便，使自然生态遭到严重破坏，河流被迫改道、湿地、植被遭受大面积的损害，破坏了城市的生态承载力。

同时，城市综合开发项目尤其是城市旧城改造项目，承担着传统文化和历史文脉的继承和发扬的使命，有些旧城改造项目尽管实现了城市基础设施和经济承载力的提升的目的，但是割断了历史文脉，实际上是城市历史和文化的一次浩劫。

从以上分析我们可以看出，城市综合开发项目由于涉及范围大，涉及主体较多，因而在开发过程中受到诸多因素的影响。城市综合开发项目是为了提升或弥补城市承载力的不足而开发建设的，因而在项目决策和策划阶段需要评价其对城市承载力的贡献及其贡献的大小，避免城市"承载力不足"和"承载力过剩"并存的现象。同时，城市综合开发项目受到城市综合承载力的影响和制约。城市综合开发项目的建设需要城市的自然资源和经济资源，同时由于城市综合开发项目是对社会利益关系的一次重构，因而也影响到城市的社会结构。城市的自然资源、经济资源、社会资源能否支持项目的建设和运营，也是开发项目能否成功的一个重要条件。因而，在开发项目的决策阶段，要对开发项目与城市综合承载力相互影响和相互制约的关系进行研究和评价，一方面要

---

① 邵慰. 城市房屋拆迁制度研究 [D]. 大连：东北财经大学博士论文，2010.

评价开发项目对城市承载力的贡献，即开发项目能否弥补或者提升城市综合承载力；另一方面要评价开发项目受城市综合承载力的影响和制约，即城市的自然环境、基础设施、经济和社会承载力能否支持项目的建设和运营。只有在这两个方面的基础上，才能够实现城市承载力的提升，同时，又能够有助于项目的建设和运营，提高项目的成功度。

二、问题的提出

本书通过对天津火车站、天津市子牙循环产业园区等多个城市综合开发项目调研和访谈的基础上，发现城市的城市综合开发项目与城市的承载力有着密不可分的关系。城市综合开发项目的启动和建设往往是由于城市的经济、社会或者环境承载力存在着缺口，城市综合开发项目的建设正是为了弥补这个缺口。而城市综合开发项目在建设和运营的过程中，会受到城市综合承载力的影响，若不对这些影响因素进行综合评价，则会成为影响项目成功的重要障碍。

而我们在对城市综合开发项目进行综合评价时，很少去考虑城市综合开发项目对城市承载力有什么样的贡献？项目在多大程度上提升了城市的承载力？项目正常的建设和运营对城市承载力提出了哪些要求？城市的自然、基础设施、经济和社会等承载力水平能否满足这些要求？若不能够满足，需要在哪些方面做出改善？若在城市综合开发项目的决策阶段忽略这些工作，项目的成功度则会大打折扣，造成开发项目建设开发过程中的一系列问题。

基于此，本书展开了基于承载力的城市综合开发项目评价模型和方法的研究，在文献综述的基础上，对城市综合开发项目案例进行调研，并通过对天津市几个大型城市综合开发项目的实地走访和问卷调研，构建了城市综合开发项目与城市综合承载力双向关系的评价模型，只有充分了解城市综合开发项目对于城市承载力的贡献，同时搞清楚城市综合开发项目受城市承载力的综合影响，才能够切实提高城市的综合承载力，才能够做好城市综合开发项目规划、策划和建设工作。

第二节　关键概念的界定

本节将对本书的关键概念进行界定。包括对研究对象——城市综合开发项目的概念进行界定，对其特点进行分析。同时，本节还对承载力的概念进行界定。

一、城市综合开发项目的内涵和特点

有关城市综合开发项目的概念缺乏严格的定义，本书从城市开发的概念入手来探讨城市综合开发项目的概念和内涵。

（一）城市综合开发项目的内涵

1. 城市开发的内涵

现代汉语词典对于开发的定义是：第一，以荒地、矿山、森林、水力等自然资源为对象进行劳动，以达到利用的目的；第二，发现或发掘人才、技术等供利用[①]。本书采用第一种定义，即"城市开发"中的"开发"是对资源进行劳动，以达到利用的目的。在城市开发中，利用城市的土地等自然资源来进行开发建设，从而达到提升城市功能、提高城市综合承载力的目的。因而，"城市综合开发项目"与"城市建设项目"尽管是指同一对象，但是其侧重点不同，城市开发通常强调土地资源的优化利用，因而土地整理是城市综合开发项目不可缺少的一个环节，而"城市建设项目"则比较强调项目的实施环节。城市开发通常包括土地资源的开发使用和优化，这一点可以从文献中看出。

陈映芳认为城市开发是以土地利益和空间效益为指向的旧城改造、城市更新和土地开发活动[②]。张其邦认为城市开发是指通过有组织的手段对城市新的资源进行合理的调配和利用，对象主要是新市区、城乡接合部、卫星城镇等[③]。他区分了城市开发与城市再开发的区别。罗彦认为自 20 世纪 50 年代以来，西方城市开发概念经历了 5 次转变，即城市重建、城市振兴、城市更新、城市再开发和城市再生及其相关概念[④]。单樑认为城市开发是以城市土地的利用为核心的一种经济活动，主要以城市物业（土地和房屋）和设施（市政公用设施和公建配套设施）为工作对象，投入一定的劳动和资金而提高城市物质空间品质，并通过交换、分配和消费等流通环节，从而实现一定的经济或社

---

① 中国社会科学院语言研究所词典编辑室. 现代汉语词典［M］. 北京：商务印书馆，1996：698.

② 陈映芳. 城市开发的正当性危机与合理性空间［J］. 社会学研究，2008（3）：29－55.

③ 张其邦. 城市更新的更新地、更新时（期）与更新度理论研究［D］. 重庆：重庆大学博士学位论文，2007.

④ 罗彦，朱荣远，蒋丕彦. 城市再生：紧约束条件下城市空间资源配置的策略研究——以深圳市福田区为例［J］. 规划师，2010（3）：42－46.

会利益目标。城市开发的目的是为了实现城市发展，增强城市的总体功能①。

从以上我们可以看出，城市开发通常是作用于城市区域内的以资源利用（主要是指土地资源）或者再利用为目的的开发建设过程。

2. 城市开发的类型

根据城市开发不同的分类标准，可以对城市开发划分不同的类型。

（1）新开发和再开发。依据开发前土地性质的不同，可以将城市开发项目划分为新开发和再开发两种类型。新开发往往是改变土地的用途的开发过程，例如将土地从农业用途转化为城市用途；再开发则是城市空间的物质置换过程，是城市功能的变更或完善。本书所指的城市综合开发项目，既包括城市的新开发（例如城市的新的功能区的建设），也包括城市的再开发（例如旧城区的综合改造开发项目）。

（2）商业性开发和公益性开发。依据不同的开发目标，可以将城市开发项目分为商业性开发和公益性开发。商业性开发追求开发利润，通过对土地或者物业的投资和交换达到预期的商业利润，商业性开发主要形式为城市房地产开发。公益性开发不以盈利性为其目标，主要包括一些准经营开发项目和基础设施项目的开发和建设。本书所指的城市综合开发项目，是商业性开发和非商业性开发的综合，既包括商业性开发，也包括非商业性开发。例如，本书所调研的天津市 H 大学城的城市综合开发项目，既包括基础设施和大学等准经营性项目的开发，也包括房地产项目的开发建设。

（3）公共开发和私人开发。依据开发主体的不同可以分为公共开发和私人开发。公共开发由公共部门，主要是政府为开发主体，私人开发则是指公共部门之外的开发主体的开发活动。公共开发要保障城市的公共利益，主要以政府财政预算为其资金来源，主要包括市场所无法提供的城市基础设施、配套设施、廉价住宅以及其他非盈利性项目。公共开发保证了城市经济与社会的整体利益和长远利益，成为城市开发主要的一种模式，公共开发为私人开发既提供了可能性，又规定了一定的约束性。

私人开发主要是指私人投资的，以盈利为目的的城市综合开发项目，通常是一些纯经营性项目的开发。但是在当前财政预算资金不足的情况下，政府也在积极地通过 BOT、BT、PFI 等形式吸引私人参与到公益性项目的投资中，通

---

① 单樑. 以开发项目为导向的城市设计策划研究 [D]. 哈尔滨：哈尔滨工业大学博士学位论文，2008.

过公私合作或联合开发的方式来进行城市综合项目的开发。本书所指的城市综合开发项目主要是指公共开发，不探讨公私合作或联合开发的契约关系和风险分担等论题。

3. 城市综合开发项目的内涵

单樑认为城市综合开发项目是将土地、房屋、配套基础设施等要素按合理的比例配置，实现统一规划、统一建设、统筹经营，以获得良好的经济、社会、环境综合效益的城市建设项目①。

夏南凯认为大规模城市综合开发项目指由城市政府及其针对特定项目所设置的执行机构所主导开发的各种类型的、集中连片开发的、面积大体在3平方公里以上的城市新区建设和旧区改造项目，如城市新区、新城、大学园区、产业园区以及大规模的旧区改造等②③。

综上所述，城市综合开发项目的概念具备以下几个要点。

（1）城市综合开发项目是作用于城市或者其周边区域，目的是为了提高城市的功能，提升城市的综合承载能力。

（2）城市综合开发项目与城市建设项目不同。城市综合开发项目强调"开发"，城市建设项目则强调"建设"。一般来说，由于"开发"涉及城市的土地资源，因而城市综合开发项目涉及土地用途性质的改变（农用地转非农用地）或者土地使用权的转让（使用权在不同主体之间进行转让），只有完成了征地拆迁，才能够进行项目的建设。因而，本书所论述的城市综合开发项目实际上包括"土地整理＋项目建设"两个阶段，比城市建设项目的周期长。

（3）城市综合开发项目是一个综合性项目。城市综合开发项目是一个由多个项目或者项目群组成的项目组合。项目组合通常有一个战略目标，这个目标是由多个项目或项目群来实现的。因而，一般来说，城市综合开发项目都包括多个基础设施建设项目、公共设施项目以及一些纯经营性的项目。

（4）城市综合开发项目通常由政府及其代理机构主导。由于城市综合开

① 单樑. 以开发项目为导向的城市设计策划研究［D］. 哈尔滨：哈尔滨工业大学博士学位论文，2008.

② 夏南凯，宋海瑜. 大规模城市开发风险研究的思路与方法［J］. 城市规划学刊，2007（6）：84－89.

③ 之所以确定基准规模为大体3平方公里以上主要是基于对上海市的考察。上海市市以上工业区（含工业区内部的出口加工区等）中面积最小的为3.5平方公里的国家级的闵行经济技术开发区，同时上海市新区建设项目的面积也往往在3平方公里以上。

发项目涉及城市规划、土地政策、项目周边配套等因素，因而城市综合开发项目通常由政府所主导。

（二）城市综合开发项目的特点

城市综合开发项目的特点论述如下。

1. 综合性

城市综合开发项目规模较大，建设周期较长，通常涉及土地整理、基础设施等多项工作，是一个由多个项目群组成的项目组合，多个项目或项目群综合配置从而实现城市综合开发项目的整体功能。本书对于天津市火车站、海河教育园等多个城市开发项目进行调研，发现城市综合开发项目通常包括土地整理、基础设施项目以及一些纯经营性项目，其包括的项目类型多，具有一定的综合性。交通、给排水、绿化以及文化教育等基础设施项目的建设对于城市综合开发项目功能的实现意义重大。然而，究竟哪些基础设施项目被纳入到城市综合开发项目的建设范畴，是与城市综合开发项目自身的功能需求以及城市基础设施承载力能否支持项目的建设和运营直接联系的。当项目自身对基础设施配套有需求，而城市基础设施承载力又不能够满足时，开发项目就需要将这项基础设施建设任务纳入建设范围。

2. 公益性

城市综合开发项目以谋求社会效应为目的，其规模较大，投资较多，受益面较宽，影响比较深远，具有一定的公益性。例如，以上所论述的大学城、经济开发区等新区的建设项目和城市中心的更新项目都具有公益性的特点。尽管近年来城市综合开发项目中会包括房地产等一些经营性项目，但是这些经营性项目通常是为了补偿基础设施的投资而出现的，从整个开发项目来说，其仍然是不以盈利为目的的公益性项目。

3. 城市综合开发项目是弥补城市承载力缺口的重要途径

城市综合开发项目往往是为了弥补城市综合承载力的缺口或不足而发起的。城市开发项目承担着提升城市自然环境、基础设施、经济或社会承载力的任务或者使命。例如，城市经济开发区的建设往往是为了提升城市的经济承载力，城市中心的绿地的建设是为了提升城市的自然生态环境的承载力，城市的大型的交通枢纽工程的建设是为了提升城市基础设施承载力。任何一个城市综合开发项目的建设和开发都与城市综合承载力的提高密切相关。

4. 城市综合开发项目的成功度受到城市承载力的制约

　　城市综合开发项目的正常建设和运营受到当前城市承载力状况的影响和制约。项目建设和运营需要城市的自然资源和经济资源的支持，项目的正常运营也需要城市相关基础设施的配套。当城市自然环境、基础设施、经济和社会承载力不能够支持项目的需求时，项目的成功度就会受到影响。因而，基于承载力的城市综合开发项目的评价不仅要考虑城市综合开发项目是否能够弥补城市承载力缺口，也要对城市综合开发项目受承载力现状的影响进行评价。

二、承载力内涵的界定

（一）承载力的基本内涵

　　承载力的概念起源于生态学、物理学和人口统计学。物理学中所称的承载力是指物体在不产生破坏时所能承受的最大负荷，这里所称的承载力具有力的量纲，其量值可以通过力学试验精确计算。同时，承载力被用于生态学的研究中，一般被定义为"某一生态环境内各种资源（光、热、水、植物、被捕食者）所能支持的某一物种的最大数量"，这是指一个极限的数值，通常与生态环境的过度利用联系在一起，最早出现在亚里士多德的著作中①。承载力的概念也被用于人口统计学中，1842 年英国学者马尔萨斯（Malthus）著名的《人口原理》就已经基本体现了人口承载力的概念基础。

　　然而，由于承载力可用量化模型加以描述，发展过程中远远突破了物理学和生态学中的研究和应用范畴，很快就被用于资源学、人口学、环境科学等领域，形成了区域的资源承载力、环境承载力、人口承载力等方面的评价理论与方法。对于不同的研究问题，承载力的内涵是不同的，其相应的承载力理论也不一样。对于生态学家来说，承载力是指在某个生态区域不产生破坏性的影响下物种生存的最大数量②。对于城市规划者来说，承载力是指自然或者人工的系统吸收人口的增长或物质的增长而不带来明显的退化或破坏的能力③。对于环境科学工作者来说，Kozlowski 曾对关于持续发展给出假设：存在某种环境

　　① 龙腾锐，姜文超，何强. 水资源承载力内涵的新认识［J］. 水利学报，2004（1）：38 – 45.

　　② Chung S. A conceptual model for regional environmental planning centered on carrying capacity measures ［J］. Korean J. Region Sci. , 1988, 4（2）：117 – 128.

　　③ Schneide D. M. , Godschalk D. R. , Axler N. The Carrying Capacity Concept as a Planning Tool ［R］. American Planning Association, Planning Advisory Service Report 338. Chicago, 1978.

的阈值，如果超越该阈值将导致环境严重并且不可逆转的破坏①。

从承载力的定义来看，承载力有一个极限值的概念，当超过这个极限，则会对生态发展、自然环境等造成不可逆转的破坏作用。这对于高度发展的工业化社会和城市发展有着重要的意义。城市在高度和快速的极化过程中，产生了诸如生态环境恶化、人口快速发展、城市过度开发等问题，承载力的理论和方法对于解决这些问题有着重要的指导意义。因而，承载力理论被城市规划和建设工作者引入到城市系统中来。由于土地资源稀缺，土地资源承载力的概念被提出来；由于人口膨胀带来诸多问题，人们开始研究人口承载力的理论；针对生态环境恶化，环境科学理论吸收了承载力的概念，形成了水环境承载力、生态环境承载力、旅游环境承载力、大气环境承载力、城市环境承载力等概念。

（二）本书对于承载力内涵的界定

本书所指的承载力是指城市系统的承载力，它是城市的自然和人工系统对城市各种功能的支持能力，当超过这个极限后，城市的系统就会出现不稳定、退化，或者造成不可逆转的破坏。

有关城市承载力的内涵非常丰富，可以进行多种分类方式。包括自然系统和人工系统；硬系统和软系统承载力等，本书通过文献综述（详见第二章第一节），界定了城市综合承载力的内涵包括4个方面。

1. 城市自然环境承载力

城市的生存与发展总是建立在一定的自然资源禀赋和生态环境的基础之上，这是城市经济和社会发展的基础力。对城市历史的研究表明，有许多曾经一度繁荣的城市文明由于城市水资源缺乏或自然生态条件的变化而走向没落，可见城市自然环境承载力的重要性。自然环境可以分为两个层次，首先是水、土地等自然资源的承载力，其次是城市自然生态承载力，包括植被、空气等。

2. 城市基础设施承载力

对于现代化的城市来说，良好的城市生活不仅要有良好的生态自然环境，还需要有便捷的城市基础设施。城市交通、给排水、邮电通信等工程性基础设施和文化娱乐、商业金融等社会性基础设施是否能够满足城市发展的需要，就是城市基础设施承载力。城市基础设施是城市综合开发项目的配套，若不能够

---

① Kozlowski J. M. Sustainable Development in Professional Planning: a Potential Contribution of the EIA and UET Concepts [J]. Landscape and Urban Plan, 1990, 19 (4): 307–332.

保障配套规模和类型的完善，城市综合开发项目的功能会受到很大的制约。因而，城市基础设施是否能够支持项目的建设和运营是城市综合开发项目评价的重要环节。

3. 城市经济承载力

城市经济的繁荣是城市不断发展的动力。城市经济能否支持城市的建设和发展，城市经济能否创造足够的就业岗位，这是指城市的经济承载力。本书所研究的城市综合开发项目由于投资规模大、周期长，城市的经济规模及其发展速度是否能够支持其发展是城市综合开发项目评价的一个非常重要的方面。

4. 城市社会承载力

城市社会的稳定和和谐及其对城市经济发展和人口增长的容忍程度称之为城市的社会承载力。影响社会承载力的因素很多，有文化、价值观、风俗习惯、社会结构和社会关系等。由于城市综合开发项目涉及土地整理环节，政府、开发商以及拆迁户之间的利益关系是一个关键的问题。当前社会经常出现的拆迁和反拆迁的社会事件，就是因为社会承载力失控所造成的。

本书就是要对城市的自然环境、城市基础设施、城市经济和社会是否能够承载城市综合开发项目的正常的建设和运营进行评价，构建出评价指标和评价方法，与城市的承载力评价不同，城市承载力评价的目的是为了找到城市承载力的缺口，而本书的评价目的是研究城市开发项目受承载力影响的因素，从而能够及时地对项目方案进行修改，以提高项目的绩效。

第三节 研究内容和研究意义

本节将主要对本书的研究内容和研究意义进行论述，以确定研究的范围和研究的理论和现实意义。

一、研究内容

城市综合开发项目的有效评价关键在于构建科学有效的城市综合开发项目承载力评价指标体系。因而，城市综合开发项目有关承载力评价模型和指标的构建是本书的重点和难点。围绕这个研究问题，本书开展了以下具体内容的研究。

（一）相关理论和文献的研究和借鉴

本书通过对国内外有关项目群理论、城市综合承载力理论的研究进行了归纳和梳理，明确了城市综合开发项目的概念和特点，并分析了当前研究的不足之处——即当前对于承载力的研究只是停留在城市或者区域层面，而没有从承载力的实现即从项目层面进行评价，缺乏城市承载力与城市综合开发项目的关系研究。正是由于这个原因，既要评价城市综合开发项目是否能够弥补城市综合承载力，同样，也要考虑城市综合开发项目对于城市承载力的依赖性。

（二）基于对城市承载力贡献的城市综合开发项目0-1评价

城市综合开发项目在什么样的情况下会启动？本部分构建了基于弥补或提升城市承载力的城市综合开发项目0-1评价模型，建立了城市综合开发项目评价流程，为城市综合开发项目的评价提供了一个新的视角。

（三）城市承载力对城市综合开发项目影响因素和指标体系

城市综合开发项目与城市承载力有着密不可分的相互关系。城市综合开发项目建设的初衷是为了弥补城市承载力的不足，而城市综合开发项目在建设和运营的过程中又受到城市综合承载力的影响和制约。本部分构建了城市综合开发项目受城市综合承载力的影响因素和指标体系，为进一步展开城市承载力对城市综合开发项目影响评价奠定了基础。

（四）城市承载力对城市综合开发项目的影响评价的评价方法

在构建城市承载力对城市综合开发项目的影响评价模型的基础上，确定了具体的综合评价方法。具体包括城市承载力对城市综合开发项目的影响评价指标的权重和综合评价的方法。采用层次分析法确定指标权重，采用模糊综合评价法来确定城市综合开发项目受城市承载力影响的水平。

（五）城市综合开发项目承载能力的提升途径

城市综合开发项目的正常建设和运营对于城市自然环境、基础设施、经济和社会承载力提出了一定的要求，当城市的系统不能够满足这些要求时，这时就超过了承载力的极限，会对城市系统产生破坏性的影响，同时也影响了城市综合开发项目功能的正常的实现。在这个基础上，本书构建了城市综合开发项目承载力不足的提升模型和途径。

(六) 城市综合开发项目承载力评价模型与方法的案例研究

为了对本书构建城市综合开发项目承载力评价模型和方法的进行检验，本书选取了 H 大学城的建设项目进行了实际的应用研究。本部分从提升城市承载力的角度对 H 项目的启动进行了分析，重点研究了 H 开发项目受城市承载力的影响程度，使用模糊综合评价法对 H 项目受城市承载力影响做出客观的评价，并提出承载力改善的方法和途径。

二、研究意义

本书对于城市综合开发项目与城市承载力的双向关系的研究不仅具有一定的理论意义，也具有一定的学术价值，分别叙述如下。

(一) 理论创新意义

有关承载力和项目决策评价的研究文献较多，而鲜有研究从承载力的角度对城市综合开发项目进行决策评价。本书的研究不仅深化了承载力研究的理论，也为项目评价提供了一个新的评价视角。

1. 把对承载力的研究深入到项目层次

承载力的概念自从问世以来，一直受到大家的关注。从资源承载力到生态承载力，再到城市综合承载力，承载力理论不断发展与深化，并且在实践中指导着城市的规划与发展。然而，城市承载力与城市综合开发项目有着天然的联系。城市的规划蓝图是要由城市综合开发项目去实现，城市的承载力水平也是要由项目来荷载。对承载力的研究如果只停留在城市或区域层面，则只能对城市或区域的承载力的现状进行评价，而缺乏城市承载力提升的路径和方法。只有深入的分析城市综合开发项目与城市承载力的关系，认识到城市综合开发项目对城市承载力提升的重要作用，才能够确实提高城市的综合承载力。因而，需要从项目层面来研究其对城市承载力的贡献，才能够更好地指导城市综合开发项目建设。本书在对天津市多个城市综合开发项目进行跟踪调研的基础上，研究了城市综合开发项目对承载力的贡献，同时也对城市综合开发项目对城市承载力依赖性进行了研究。本书的研究把对于城市综合承载力研究深入到项目的层次，分析了城市承载力与城市综合开发项目的关系，构建了城市综合开发项目受城市承载力影响因素和指标体系，这将推进承载力理论的研究，将现有的城市承载力评价研究推进到承载力提升路径研究阶段。

2. 为项目决策评价提供新的评价视角

项目处于客观环境中，时时刻刻受环境影响。这个环境既包括大的宏观环境，这主要是在国家层面或整个市场层面，也包括项目所处的微观环境，例如，项目的现场、项目的周边区域环境。按照现在的评价体系，项目评价既包括财务评价、技术评价等微观层面的评价，也包括项目的市场环境、PEST 分析等宏观因素的分析①。然而，城市综合开发项目是城市或区域的项目，这样的项目处于城市的综合环境之中。项目的建设和运营受到城市经济、自然环境、基础设施等各方面因素的影响和制约。项目建设需要城市提供土地、水等资源，项目建设需要从城市获取建设资金，项目建设和运营需要城市的交通、通讯等基础设施作为配套，项目的功能设计受到社会文化和价值观的影响，同时，项目的建设和运营会对社会结构、社会关系产生影响。因而，城市综合开发项目的成功建设和运营受到城市自然环境、城市经济、城市基础设施配套和社会等综合承载力的影响和制约。而当前的项目评价理论对于城市综合开发项目与城市承载力的关系的研究不足，这种状况不能够很好的指导我国的城市化进程中的城市综合开发项目的实践。本书构建了城市承载力对城市综合开发项目影响的评价模型和指标，并研究了城市综合开发项目承载力提升的途径和方法，将能够更好地指导城市综合开发项目的策划和建设。

3. 深化项目组合评价理论

城市综合开发项目是一种服务于城市（区域）战略发展目标，包含有多种项目类型，具有较强复杂性和不确定性的一组相互联系的项目。这些项目最大的特点是项目包括规划、建设、管理等诸多环节，涉及征地拆迁、基础设施建设、市政公用设施建设、公共服务设施建设、房地产经营性项目等多个项目。这是一个复杂的不确定性程度较大的浩大工程，是由多个项目或项目群组成的项目组合，不同于一般的单项或单位工程项目。究竟何种类型的项目应该纳入城市建设项目的建设范围，是与项目的功能需求以及城市承载力对于这种需求的满足程度直接相关的。当项目有需求而且城市承载力不能够满足时，城市综合开发项目策划时就需要将这种项目群纳入建设范围。并且，城市综合开发项目功能的发挥取决于所含各种项目整体功能的综合和集成情况，这就决定

---

① 《投资项目可行性研究指南》编写组. 投资项目可行性研究指南 [M]. 北京：中国电力出版社，2002.

了在进行这种城市综合开发项目的管理和决策时，需要综合分析、考虑和评价其中各具体项目间的关系和整体的综合效果和影响。因此，这种城市综合开发项目的起始评价在评价指标体系、评价模型与评价方法等各方面都不同于单个项目的评价，而城市综合开发项目不同于一般的建设项目，因而其评价模型和方法也会不同。然而，现存的评价体系是基于单体项目而建立的，对于项目与项目之间的联系和综合作用没有涉及。本书所构建的基于承载力的评价模型和方法，能够深化城市综合开发项目的项目组合评价理论。

（二）实践应用意义

本书关于城市综合开发项目对城市承载力的贡献及其受城市承载力影响和制约关系的研究有利于提高我国城市的综合承载能力，同时为城市综合开发项目的正常建设和运营提供了保障，提高了项目的成功度。

1. 指导了城市综合开发项目的评价实践活动

城市综合开发项目对于城市的发展和功能的提升有着重要的意义和作用。通常情况下，这种城市综合开发项目都是由各地的城投集团等一些官办公司来进行建设和开发的，由城投集团在项目建设之前进行综合策划和评价。城投集团作为政府的代理人，全权负责城市综合开发项目的建设和运营。

城投集团在对城市综合开发项目进行评价时，由于城市综合开发项目影响深远，受环境制约因素多且复杂，仅仅考虑到项目的经济可行性、技术可行性等微观评价因素是不够的。城市综合开发项目是为了提高城市综合承载力，因而需要从弥补城市承载力缺口的角度去评价城市综合开发项目的必要性，只有确实能够弥补城市承载力缺口的项目才能够得以建设；同时，城市综合开发项目在城市范围内建设和运营，受到城市承载力的影响和制约，应该考虑城市的自然环境、基础设施配套、经济和社会等方面的承载力能否支持城市综合开发项目。本书所建立的基于承载力的评价指标体系、评价模型和方法将为城市综合开发项目决策评价提供一个新的评价视角，能够有效指导城市综合开发项目的评价实践。

2. 有利于落实国家提高城市综合承载力的规划

2005 年 1 月，建设部下发了《关于加强城市总体规划修编和审批工作的通知》，要求各地着重研究城市的综合承载能力，解决好资源保护、生态建设、重大基础设施建设等城市发展的主要问题。

2007 年全国建设工作会议提出，各级政府和相关主管部门要认真贯彻落实科学发展观，统筹城乡规划，在推进城镇化的同时，始终以提高城市综合承载能力为核心。

由此可见，由于城市化进程的加快，提高城市综合承载力是国家对于城市发展规划的一个重点。然而，城市综合承载力的提升需要借助城市的建设工程项目来实现，其中城市的城市综合开发项目是其中非常重要的一个部分。例如，城市快速路的建设项目是为了提高城市的交通基础设施承载力，大学城的建设是为了提升城市的教育教学的承载力。南水北调工程则是为了提升北京、天津等北方城市的自然资源的承载力。因而，城市承载力的提升需要城市综合开发项目来实现，而城市综合开发项目是城市承载力提升的重要保障。

然而，我国的项目评价体系对于有关项目与城市承载力的关系评价却很少涉及。我国的起始评价体系是在《关于建设项目进行可行性研究的试行管理办法》（国家计委，1983）的基础上建立起来的。可行性研究的内容主要包括市场研究、经济可行性研究、社会及环境效果评价等。对于城市综合开发项目对城市承载力的贡献以及城市综合开发项目受城市承载力的影响的评价没有专门的研究。这种状况不适应我国对于城市承载力提升的迫切要求，也不适应于城市综合开发项目这种复杂项目对于复杂多变环境的综合评价和应对。本书通过对基于承载力的城市综合开发项目评价模型和方法的研究，能够合理地评价城市综合开发项目是否能够弥补城市承载力，同时也能够合理地评价城市综合开发项目受城市承载力的影响因素，从而能够提前规划出合理的应对措施，提高项目的成功率和价值。

第四节　技术路线与研究方法

为了解决研究问题，本节将主要论述本书的技术路线，绘制了技术路线图。同时，对本书的研究方法进行了详细的论述。

一、研究的技术路线

2010 年 12 月～2012 年 3 月期间，笔者所在的南开大学项目管理研究中心与 C 集团开展了有关城市综合开发项目的起始评价的研究。C 集团是政府性的投资公司，专司重大城市基础设施的融资、投资和建设职责，发挥了政府"融资平台、投资建设平台、城市综合开发平台"的作用。随着研究的深入，笔者发现城市综合开发项目在建设和运营中的诸多问题都可以归结为没有很好的处理项目与城市承载力之间的关系而造成的。而这些问题可以在项目决策阶段通过综合评价进行规避，并且在决策阶段进行评价和规避所花费成本要远远低于项目的建设和运营期的补救成本。因而，本书确定了基于承载力的城市综合开发项目起始评价模型和方法的研究课题。在文献研究的基础上，本书构建了城市综合开发项目与城市综合承载力双向关系的评价模型。首先，是基于对承载力的贡献的城市综合开发项目0-1决策模型，这是城市综合开发项目得以建设的前提条件；其次，是城市承载力对城市综合开发项目影响的评价模型。本书的技术路线示意图，如见图1-1所示。

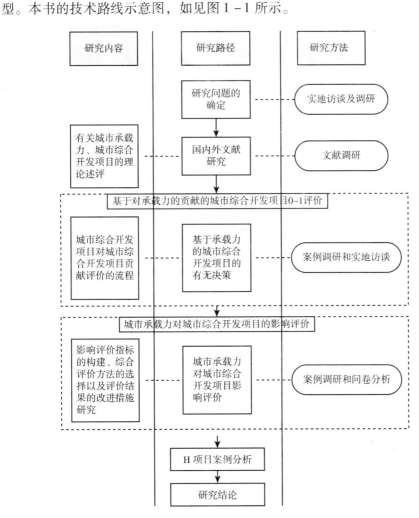

图1-1　本书的研究路径

从图 1 - 1 可见，本书的研究路径分为五个步骤。第一，通过实地访谈和调研发现了城市综合开发项目与城市综合承载力的双向关系，从而确定了本书的研究问题。第二，通过对城市承载力、城市综合开发项目的文献研究，确定了城市承载力的理论内涵，包括自然环境承载力、基础设施承载力、经济承载力和社会承载力四个方面的因素。并对城市综合开发项目与这四个承载力关系的文献进行了梳理和评价。第三，城市综合开发项目对于承载力的贡献评价。通过案例调研和文献调研相结合的方法，构建了城市综合开发项目对城市承载力贡献评价流程，只有能够弥补承载力缺口的城市综合开发项目才能够获得批准，得以实施。第四，城市综合开发项目受城市承载力的影响评价。这一部分的研究内容主要包括三个方面，即评价指标的构建、综合评价方法的选择以及评价结果的改善措施。第五，通过对 H 项目进行评价，验证本评价模型的有效性。

二、本书的研究方法

本书主要采用了实地调研、文献调研、理论推演方法、数理统计、问卷调查、案例分析等多种研究方法。各种研究方法详细说明如下。

（一）文献调研的方法

本书的研究目的是建立基于承载力的城市综合开发项目评价模型与方法，从而能够指导城市大型开发项目的建设。城市承载力的内涵的界定对于城市承载力与综合开发项目的双向关系评估模型的构建具有重要的意义。本书在第二章通过对承载力理论的文献调研，确定了城市承载力的内涵，为后文的综合评价奠定了理论基础。

（二）规范研究的方法

在文献调研和实地调研的基础上，本书运用规范研究的方法归纳得出城市综合开发项目受城市承载力影响的评价指标。规范研究的方法主要在第四章城市综合开发项目受城市自然环境承载力、基础设施承载力、经济承载力和社会承载力影响评价指标的构建过程中得以运用。通过理论推演式的规范研究，本书构建了城市综合开发项目受城市承载力影响的二级指标体系和三级指标体系。

（三）管理调查的方法

管理调查包括访谈、实地调研、问卷调查等方法，本书在模型的构建过程中综合运用了这些方法。本书研究课题的确定是在访谈和实地调研的基础上确定的。在本书的第四章指标体系的构建过程中通过案例文献调研和实地调研相结合的方法，建立了城市承载力对城市综合开发项目影响的评价指标的初始集。同时，问卷调查的方法对于研究结论的确定十分重要，本书在两处使用了问卷调查的方法。第一，本书的第四章，对于通过理论推演、文献调研而获得的城市综合开发项目受城市承载力影响的评价指标初始集，运用问卷调查法对于初始集指标重要性进行了问卷调查打分，运用问卷调查和数理统计的方法完成了对于评价指标初始集的修正。第二，本书的第七章，评价模型的应用型研究过程中，使用了模糊综合评价法对于城市综合开发项目进行综合评价，所使用的评价数据也是使用问卷调查的方式获得。

（四）案例研究方法

在本书的最后，通过案例研究方法对基于承载力的城市综合开发项目进行了评价，充分验证了本书所构建的评价模型和方法的科学性。本书选取了天津市 C 集团的 H 项目来进行案例研究，H 项目是一个大学城的开发建设项目，该项目具有城市综合开发项目所具有的综合性、公益性等特点，对于研究结论的验证具有一定的代表性。

第五节　本书的框架与创新点

本节将在本书框架的基础上，提出本书的创新点。

一、本书的框架

本书共有八章，具体内容详述如下：

第一章　绪论。在研究背景的基础上提出本书的研究问题，论述了研究的理论和现实意义。详细介绍了本书的研究内容和研究框架，并阐述了本书所采用的技术路线与研究方法。

第二章　相关理论与文献综述。这一章主要对于城市承载力、城市综合开发项目的一般理论和研究进行文献调研和梳理，并对现有研究所存在的问题进行总结。通过对以上有关理论的梳理和总结，使作者能够综合现有理论和研究，站在更高的理论高度来进行研究，为科学准确的研究模型和方法的确定奠定了良好的理论基础。

第三章　基于承载力的城市综合开发项目评价模型框架。该评价模型主要包括两个层次，首先是基于对城市承载力贡献的城市综合开发 0－1 评价模型，其次是城市承载力对城市综合开发项目的影响评价模型。0－1 评价模型通过后，才能够进行影响评价。影响评价包括指标体系构建、综合评价方法的选择以及评价结果的改善三个方面，分别在本书的第四、第五、第六章进行论述。

第四章　城市承载力对城市综合开发项目的影响评价指标体系的构建。在文献研究的基础上，本书通过问卷调查分析对城市承载力对城市综合开发项目影响的因素和指标进行了研究，通过问卷的数据的整理，构建了城市承载力对城市综合开发项目影响评价的指标体系。

第五章　城市承载力对城市综合开发项目的影响评价方法。项目评价主要解决两个问题，一是指标权重的确定，二是综合评分的方法。本书依据指标体系的特点，利用 AHP 方法确定指标的权重，利用模糊综合评价法确定指标的综合得分。

第六章　城市综合开发项目承载能力的提升方法。当城市承载力对于开发项目的建设和运营不足以支持时，就需要开发项目在建设和运营方案上有所调整和改变。当交通承载力不足以支持项目的建设和运营时，城市需要修改交通规划；当社会承载力不足以支持项目建设时，项目需要对征地和拆迁方案、项目设计方案等做出修改和变更。本章将主要论述在城市环境、基础设施、经济和社会环境不足以支持项目的建设和运营时，城市综合开发项目的应对措施和方法。

第七章　基于承载力的城市综合开发项目评价案例。本章主要以 H 项目为案例，检验本书所构建的模型和方法，论证本书构建的模型和选择的承载力方法的正确性和有效性。

第八章　研究结论与展望。本章对于本书的研究结果做出总结，并提出了本书研究的不足，提出了未来的研究方向。

本书的框架及其各章的内容如图 1－2 所示。

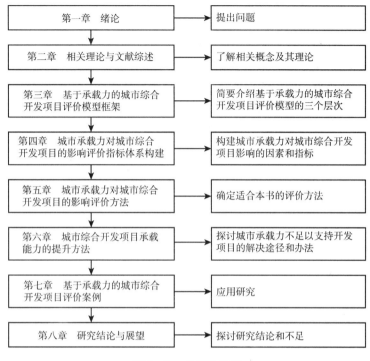

图 1 – 2　本书的框架

二、本书的创新点

本书将在以下几个方面开展创新性的研究，论述如下：

（一）研究并构建基于承载力的城市综合开发项目评价模型

我国的起始评价体系是在《关于建设项目进行可行性研究的试行管理办法》（国家计委，1983）的基础上建立起来的。可行性研究的内容主要包括市场研究、经济可行性研究、社会及环境效果评价等。对于城市综合开发项目来说，经济可行性分析及其社会和环境效果评价都是不可少的，但是仅仅有这些评价，对于城市综合开发项目来说是不足的。城市综合开发项目与城市承载力关系密不可分，城市综合开发项目是提升城市承载力的直接途径，同时，城市综合开发项目的正常的建设和运营也需要城市承载力的支持。城市综合开发项目若不考虑这种双向影响的关系，不仅不利于城市综合承载力的提高，也会给项目的建设和运营带来诸多问题。因而在项目启动阶段，必须对城市综合开发项目对于城市承载力的贡献和依赖性进行专门的评价。在项目 0 – 1 决策时，要评价城市开发项目对于承载力的贡献，能够弥补承载力缺口的项目才得以启动，这是解决当前城市"承载力不足"和"承载力过剩"问题的基本准则和途径。同时，要评价城市开发项目受城市承载力的影响，只有充分地认识到城市经济承载力、基础设施承载力、社会承载力和自然环境承载力对城市综合开发项目的支持与否以及支持程度，才能够避免城市综合开发项目中出现的若干问题。本书基于这个新的研究视角，通过文献调研、案例研究和问卷等研究方法，拟构建一个基于承载力的城市综合开发项目的评价模型，能够更好地指导城市综合开发项目的实践。

（二）研究并构建全新的城市综合开发项目受城市承载力影响的评价指标

城市综合开发项目的成功不仅取决于项目本身的建设内容的成功程度，还取决于城市承载力对于它的支持或者制约。本书将运用文献调查、案例分析的方法对城市综合开发项目受城市综合承载力的影响和制约因素进行分析，从而构建城市承载力对城市综合开发项目影响评价的指标体系。本书拟使用问卷调查法通过专业人士对这些指标进行评分，对指标体系进行删选，从而论证指标体系的科学性和有效性。

（三）研究并提出城市综合开发项目承载力提升途径

当城市承载力不足以支持项目的建设和运营时，也就是项目对于城市承载力的需求超过了城市承载力的现状水平时，就需要采取措施改善承载力不足的现象。本书将运用规范的研究方法通过对承载力的基本内涵的分析来研究城市综合开发项目承载力不足的提升方法。承载力的基本内涵包括压力和承压系统两个方面，是否在承载范围内，不仅要看承压系统的承压能力，也要看压力源所产生压力的大小。当前对于承载力的提升方法的研究通常是从提升承载系统的承载能力来考虑的，然而，在某些情况下，降低压力源的压力是解决承载力不足的唯一途径。例如，在城市自然环境承载力不能够支持项目的建设和运营时，短期内的提高城市自然环境对于污染或排放的容忍和自洁能力是不现实的，只能通过减少城市开发项目对于环境生态的破坏来改变承载力不足的现象。

依据承载力的基本内涵，本书拟从两个方面构建城市综合开发项目承载力不足的提升途径。一是提升城市承压系统的承载能力，二是降低城市开发项目作为压力源对于城市承压系统的压力。本书拟对城市自然环境系统、基础设施系统、经济系统和社会承载力系统进行具体分析，从而提出适合不同系统的提升途径和方法。

第二章　相关理论与文献综述

城市综合开发项目与城市承载力相互关系评价的缺失造成了城市综合开发项目在建设的过程中遭遇了城市的经济、城市环境和社会瓶颈。为了更好地研究城市综合开发项目与城市承载力的关系，本章将对有关城市综合开发项目、城市综合承载力的理论进行介绍、总结和评述。

第一节　有关城市承载力的研究综述

有关承载力的研究由来已久，其最早被用于物理学和生态学。由于承载力的概念能够较好的解释两种作用力的相互关系，因而这个概念被环境学、资源学等相关领域引入并开展了研究。由于也能够较好的解释城市各种资源对于人类生产和生活的支持和荷载能力，因而承载力概念也被引入到城市管理领域。以下将对城市承载力理论的发展脉络进行论述。

一、城市承载力的内涵

承载力概念应用到城市系统的研究和实践中，在应对城市问题，促进城市发展的过程中显示出很大的生命力。以下将对有关城市承载力理论进行梳理和分析。

国内外学者在对城市问题进行分析的过程中，对于城市所出现的空气污染、环境恶化、水资源短缺、人口增长等问题都给予很大的重视。城市的自然环境和资源有一个承载力的极限值，当经济和社会活动超过这么一个阈值后，将对自然环境产生一个不可逆的影响和破坏。这就是城市承载力概念的内核。

Schneider 定义的城市承载力是指自然或者人工的系统吸收人口的增长或物质的增长而不带来明显的退化或破坏的能力[①]。Godschalk 认为城市承载力

---

① Schneider D. M. , Godschalk D. R. , Axler N. The Carrying Capacity Concept as a Planning Tool [R]. American Planning Association, Planning Advisory Service Report 338. Chicago, 1978.

就是城市的自然和人工系统对城市各种功能的支持能力，当超过这个极限后，城市的系统就会出现不稳定、退化，或者造成不可逆转的破坏①。

韩国学者 Kyushik Oh 是城市承载力研究的集大成者。他于 2002 年严格定义了城市承载能力是指城市人居环境系统在可持续发展，同时在不引起其退化和不可逆转的前提下对于人类活动、人口增长、土地利用、物质发展的支持能力②。Oh 总结了 Godschalk，Parker，Axler，Onishi 等人的分类，将城市承载能力分为四类，即环境生态类、城市设施类、公共意识类、公共机构类③。

改革开放后中国的城市化进程很快，不可避免地发生了城市化过程中经常出现的问题。于是，城市承载力的理论和方法被中国学者引入国内，指导城市的规划和建设，从而带来了有关城市承载力研究的热潮。

王丹认为城市承载力则由支撑力、压力、调控力构成。城市承载力不仅取决于水、土地、环境容量、地质条件等先天性因素；而且取决于城市对自然资源环境的利用方式、城市基础设施建设水平、外来资源引进程度以及物质需求目标等后天性因素④。

任通先认为城市承载力是城市的资源禀赋、生态环境、基础设施能够承载的人口数量及相应的经济社会总量的能力。承载力是一个阈值，是和可持续发展的概念紧密联合在一起的，可以用来度量可持续发展⑤。

叶裕民对于城市综合承载力的定义为：城市综合承载力指特定时期和目标下，一个城市的资源禀赋、生态环境、基础设施和公共服务对城市人口及经济社会活动的承载能力⑥。

然而，对于城市承载力的概念，理论界并没有明确的定义，各个学者会依据实际应用的需要来界定城市承载力的理论内涵，因而本书通过对城市承载力的影响因素及其内容来进一步对其进行研究。

---

① Godschalk D. R.，Parker F. H. Carrying capacity：a key to environmental planning [J]. Soil Water Conserv，1975，30：160 – 165.

② Oh K.，Jeong Y.，Lee D.，Lee W. An Intergrated Framework for the Assessment of Urban Carrying Capacity [J]. Korea Plan Assoc，2002，37（5）：7 – 26.

③ Kyushik Oh，Yeunwoo Jeong，Dongkun Lee. Determining development density using the Urban Carring Capacity Assessment System [J]. Landscape and Urban Planning，2005，73（8）：1 – 15.

④ 王丹. 城市承载力空间差异分析方法 [J]. 生态学报，2011，31（5）：1419 – 1429.

⑤ 任通先. 城市承载力研究进展浅析 [J]. 技术与市场，2009（10）：48.

⑥ 叶裕民. 解读城市综合承载能力 [J]. 前线，2007（4）.

二、有关城市承载力理论演进

本书根据对国内外相关文献的研究，发现学术界对于城市承载力的概念内涵是不断发展变化的。在城市承载力的产生阶段，理论界主要关注城市的自然系统对于城市经济、就业和社会活动的支持能力。随着人类对城市问题研究的越来越深入，人们认识到城市的系统不仅包括自然系统，也包括基础设施、公共设施等人工系统，并且人工系统与自然系统是相互影响、相互制约的。例如，污水处理设施的完善能够加大城市生态环境的承载力。因而，交通、供水排水、电力等基础设施的承载力被纳入到城市承载力概念内涵中来。到了近几年，城市承载力概念又进一步扩大和发展，即理论界出现了城市综合承载力的概念。有关城市承载力理论演进，如图 2－1 所示。

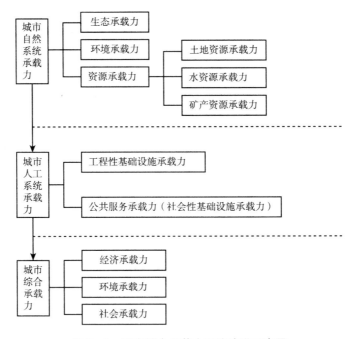

图 2－1　城市综合承载力理论演进示意图

从图 2－1 可见，城市承载力的演变经历了三个阶段，即城市自然系统承载力、城市人工系统承载力和城市综合承载力阶段。这三个阶段标志着对承载力系统的研究不断地提升和深化，以下将对这三个阶段展开详细论述。

（一）城市自然要素系统的承载力研究综述

城市的生存和发展需要依靠自然禀赋。土地、水等自然资源对于城市的经济和社会发展是不可或缺的。随着城市规模的扩大、经济的发展、人口的增长，这些资源被过度的使用和开发。当城市的经济和社会活动对于自然资源索取超过了极限值后，不仅资源会枯竭，城市的生态和环境都会发生巨大的变化。出于这种担忧，对于城市自然要素承载力的研究主要集中在对自然资源承载力的研究和整个生态或环境系统的承载力研究。

20 世纪 80 年代初，联合国教科文组织（UNESCO）提出了"资源承载力"的概念。资源承载力是指在可以预见的期间内，一个国家或地区的利用本地自然资源和技术条件，在不一定的物质生活水平条件下，该国家或地区能持续供养的人口数量[①]。有关这方面的研究主要是从水资源承载力、土地资源承载力、矿产资源承载力这三个方面展开的。

随着研究的不断深入，理论界不再是仅仅研究单一资源要素与城市发展之间的关系，而是转而研究整个自然环境或自然生态对城市经济和生活的承载力，这就是环境承载力。环境承载力是指在某一时期，某种技术条件下，某一区域环境对人类社会经济活动的支持能力的阈值。

1991 年世界自然保护同盟（IUCN）、联合国环境规划署（UNEP）以及世界野生生物基金会（WWF）在其出版的《保护地球——可持续生存战略》一书中指出："地球或任何一个生态系统所能承受的最大限度的影响就是其承载力。人类可以借助于技术而增加这种承载力，但是要付出减少生物多样性和生态功能的代价，并且技术水平也不可能将其无限的增大"[②]。

1974 年，Bishop 出版了《地区环境管理中的承载力》一书，他认为环境承载力是在维持一个可以接受的生活水平前提下，一个区域所能永久地承载的人类活动的强烈程度[③]。

环境承载力的概念一经提出，在理论研究领域掀起了研究的热潮。Kenneth Arrow 研究了经济增长与环境承载力的关系，探讨了环境对于经济的支持

① UNESCO, FAO. Carrying capacity assessment with apilot study of Kenya: a resource accounting methodology for sustainable development [M]. Paris and Rome, 1985.

② 陈英资. 中国东北地区资源承载力研究 [D]. 长春：吉林大学博士学位论文, 2009.

③ A. Bruce Bishop. Carrying capacity in regional environmental management [M]. Washington, D. C: government printing office, 1974.

和承载能力①。Kyushik Oh 着重研究了水和空气的环境承载力对于城市规划所产生的要求，识别了城市能源、绿地、道路、地下铁路、供水和污水处理等基础设施对于城市水和空气环境所产生的影响②。Ying Li 构建了生态承载力综合评价模型，构建了生态承载力的评价指标③，Xie Fuju，Zheng Mingxi 等研究了黄河三角洲的环境承载力④。

生态承载力概念与环境承载力和资源承载力概念相比，内容更丰富、全面，更接近人类社会系统特点，但也更加复杂。国内对于生态承载力和环境承载力的研究也很多。

殷培杰等从发展度、支撑度和生态弹性度三个方面构建了城市生态承载力评价指标体系，并运用因子分析法分析了山东省 17 个城市的生态承载力⑤。李刚从交通与土地利用、建筑节能、可再生能源、水资源的发展与利用、城市空间资源等几个方面构建了城市的生态承载力评价指标⑥。相震提出了城市环境复合承载力的概念，并构建了城市环境复合承载力指标⑦。刘丽萍等对于昆明市环境承载力进行了研究，重点对于水资源环境和空气环境进行了研究⑧。宇鹏等以武汉市为例对相对环境承载力及其压力进行了研究，并把武汉市的情况与全国的基本情况进行了对比，发现武汉的环境容量和资源存在着赤字⑨。

① Kenneth Arrow, Bert Bolin, Robert Costanza. Economic growth, carrying capacity, and the environment [J]. Ecological Economics, 1995, 15: 91 - 95.

② Kyushik Oh, Yeunwoo Jeong, Dongkun Lee. Determining development density using the Urban Carrying Capacity Assessment System [J]. Landscape and Urban Planning, 2005, 73 (8): 1 - 15.

③ Ying Li, Tingting Guo, Jing Zhou. Research of Ecological Carrying Capacity—Comprehensive Evaluation Model [J]. Procedia Environmental Sciences, 2011, 11: 864 - 868.

④ Fuju Xie, Mingxi Zheng, Hong Zhang. Research on Ecological Environmental Carrying Capacity in Yellow River Delta [J]. Energy Procedia, 2011, 5: 1784 - 1790.

⑤ 殷培杰, 杜世勇, 白志鹏. 2008 年山东省 17 城市生态承载力分析 [J]. 环境科学学报, 2011, 31 (9): 2048 - 2057.

⑥ 李刚. 城市规划视角下的城市生态承载力指标体系 [J]. 唐都学刊, 2009 (11).

⑦ 相震. 城市环境复合承载力研究 [D]. 南京: 南京理工大学博士学位论文, 2006.

⑧ 刘丽萍, 和丽萍, 茹菁宇. 昆明市环境承载力空间管治研究 [J]. 环境保护科学, 2011 (4): 72 - 74.

⑨ 宇鹏, 李健雄. 相对环境承载力与压力的计算 [J]. 广西师范学院学报: 自然科学版, 2011 (6): 62 - 65.

（二）城市人工要素系统的承载力研究综述

随着城市发展水平的提高和城市居民对更高生活质量的要求，人们认识到不仅自然要素资源对于城市的发展有着承载力阈值，城市的电力、交通、供水排水、文化教育卫生等基础设施能力也会制约着城市的发展。当城市的经济生活的需求超过了这些基础设施的承载能力水平，城市会遭受生产或发展瓶颈，严重制约着城市生产和生活的正常进行。于是，对于城市承载力的研究又进一步深化到城市基础设施和公共设施等人工要素的承载力研究上。

Kyushik Oh 认为城市基础设施承载力是城市承载力系统的一个重要组成部分。并分析城市交通、给排水等设施对于城市环境承载力所产生的影响①。龙志和认为城市承载力的研究应该包括对于城市基础设施的研究②。赵楠等以北京市为例对城市基础设施的承载力进行了研究。他认为所谓基础设施承载力是指在一定时期和一定区域内，基础设施系统对社会经济发展和人类各种需求（生存需求、发展需求和享乐需求等）在数量与质量方面的满足程度，也即基础设施承载媒体对于被承载对象的支持程度。通过构建交通、医疗、邮电通讯、商业服务和教育设施承载力指标，分析了北京市基础设施承载力状况③。但是总体来说对于城市基础设施承载力的研究才刚刚开始。

（三）城市综合承载力研究综述

城市综合承载力的概念范畴远远地超过了城市自然系统承载能力的范畴，它不仅将城市硬件系统承载力纳入进来，而且将科学、教育、制度等城市软件系统承载力也纳入城市承载力的范畴，并且强调各个子系统之间的配置和耦合关系。

1. 对城市综合承载力概念内涵的研究

城市综合承载力是一个综合的概念。其不仅包括自然承载力系统，还包括基础设施等人工承载力系统，更为重要的是，它的概念内涵还包括城市经济以及社会公共服务等城市社会对于城市人口的承载能力和水平。因而，城市综合

---

① Oh K., Jeong Y., Lee D., Lee W. An Intergrated Framework for the Assessment of Urban Carrying Capacity [J]. Korea Plan Assoc, 2002, 37 (5)：7 - 26.

② 龙志和等. 广州市城市综合承载力研究 [J]. 科技管理研究, 2010 (5)：204 - 208.

③ 赵楠等. 北京市基础设施承载力指数与承载状态实证研究 [J]. 城市发展研究, 2009 (4)：68 - 75.

承载力是城市承载力理论研究的一个新的阶段。

国内明确提出城市综合承载能力概念的是 2005 年 1 月建设部下发的《关于加强城市总体规划修编和审批工作的通知》。之后国内在城市综合承载力概念内涵、承载力评价指标和评价方法等方面展开了研究。

罗亚蒙认为城市综合承载力主要包括两个方面。首先要考虑水、土地等城市的地理基础承载能力，这是基础承载能力，决定了城市能建多大；其次是城市的功能，即城市的发展动力问题。叶裕民把城市承载系统的范畴进一步扩大，他将城市的基础设施和公共服务等都纳入城市承载力体系中。他认为城市综合承载力是指市的资源禀赋、生态环境、基础设施和公共服务对城市人口及经济社会活动的承载能力①。

由此可见，城市综合承载力已经超越了原来资源环境承载力的概念，它是资源承载力、基础设施承载力、经济承载力和社会承载力的有机结合体。

杨柳构建了城市的经济承载力、社会承载力、资源承载力和环境承载力的评价指标体系，并对河北省的重要城市进行了承载力评价②。

李东序构建了城市综合承载力结构模型，认为城市承载力不仅包括硬件系统也应该包括软件系统。这个软系统承载力主要包括文化承载力、制度承载力、管理承载力、科技承载力、学习承载力和开发承载力③。

傅鸿源在对文献进行综述的基础上，认为城市综合承载力的内涵不仅包括城市资源、环境承载力、生态承载力以及基础设施承载力，还应该包括城市安全和公共服务承载力。城市安全承载力、公共服务承载力在城市综合承载力中起着越来越重要的作用，是在城市综合承载力评价中必须考虑的关键因素④。

2. 对城市综合承载力各子系统配置关系的研究综述

城市综合承载力更加关注各个子系统之间的配置关系，有很多学者对于城市综合承载力评价体系进行了研究，对各个子系统之间的逻辑关系进行了研究。

朱鹏将城市综合承载力子系统分为基础承载力、硬件承载力、软件承载力，并认为可以通过城市的产业承载力将三类承载力结合起来⑤。各个承载

① 叶裕民. 解读城市综合承载能力 [J]. 前线，2007 (4).
② 杨柳等. 河北省城市综合承载力分析与对策研究 [J]. 河北工业科技，2010 (7)：264 - 268.
③ 李东序等. 城市综合承载力结构模型与耦合机制研究 [J]. 城市发展研究，2008 (6)：37 - 42.
④ 傅鸿源等. 城市综合承载力研究综述 [J]. 城市问题，2009 (5)：27 - 31.
⑤ 朱鹏. 城市综合承载力结构模型和相互作用机制研究 [J]. 北方经济，2011 (8)：3 - 4.

系统之间的关系，如图 2 - 2 所示。

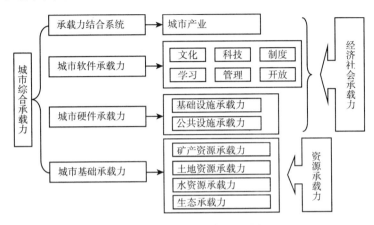

图 2 - 2 城市综合承载力评价框架

资料来源：朱鹏. 城市综合承载力结构模型和相互作用机制研究［J］. 北方经济，2011（8）：3 - 4.

李东序对城市综合承载力作用机理进行了研究分析，分析了城市综合承载力的压力系统、承压系统和扩容途径。城市的人口聚集、经济和社会活动极化作用使城市面临着巨大的压力，这构成城市的压力系统。城市的承压系统包括硬质承压系统和软质承压系统。硬质承压系统包括自然资源、环境和城市基础设施，软质承压系统包括经济、社会文明和制度设计。其作用机理，如图2 - 3 所示。

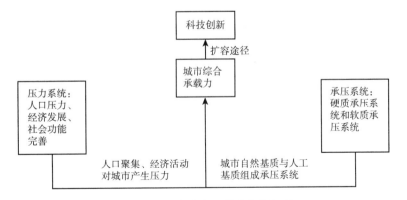

图 2 - 3 城市综合承载力作用机理

资料来源：李东序. 城市综合承载力结构模型与耦合机制研究［J］. 城市发展研究，2008（6）：37 - 42.

从图 2 - 3 我们可以看出，城市综合开发项目承载力从其作用机理来说包括压力系统和承压系统两个方面。城市人口的增长、经济的发展以及人们需求的提高对于城市承压系统产生了压力，这种压力作用于城市的自然环境、基础设施等硬质承压系统以及城市的经济、社会等软质承压系统，若压力源所产生的压力在承压系统的承载范围之内，则不会出现承载力不足的现象；反之，则会出现各种各样的承载力超标的问题。

三、对当前城市承载力研究的评述

对于城市承载力的研究有助于本书界定城市承载力的内涵，从而为城市综合开发项目与城市承载力双向关系的评价模型的建立提供良好的基础。

（一）城市承载力子系统范畴的确定

从以上综述我们可以看出，城市承载力的研究随着城市的需求的不同经历了不断地发展，其所包括的内涵也不断扩大。从城市资源承载力到生态承载力，再到人工设施的承载力，最后发展到城市综合承载力，城市承载力的研究对于解决城市问题，指导城市发展上发挥了很大的作用。

城市综合承载能力不再是一个单系统的承载力概念。依据城市承载力概念内涵的分类方式不同，可以对其进行分类。

1. 自然系统承载力和人工系统承载力

城市综合承载力可以分为自然系统和人工系统。自然系统承载力是指城市资源承载力、城市生态承载力以及城市的环境承载力等自然系统对于人类活动的支持能力和水平，人工系统承载力是指城市的基础设施、城市公共服务等一些软硬件系统对于城市居民的正常生产和生活的支持能力。

2. 硬系统承载力和软系统承载力

硬系统承载力是指自然资源、环境和城市基础设施的承载力，硬系统承载力是由物质性质和状态所决定的；软系统承载力是指城市的经济、公共服务和社会文明和谐等承载力，它通常受物质的影响，但不是完全由物质状态所决定。

3. 自然、经济、社会三个承载力系统

自然、经济和社会三个系统是可持续发展内涵的三个方面。承载力理论是可持续发展理论的一个分支，因而，也可以借鉴可持续发展的理论内涵，将承载力系统分为自然承载力子系统、经济承载力子系统和社会承载力子系统。本书对于城市承载力内涵的界定就借鉴这种三因素分类方式，并且在这三类承载力基础上增加了基础设施承载力。这主要是因为城市综合开发项目的开发与运营与城市基础设施有着密切的关系。因而本书对于城市承载力内涵的界定分为四个子系统。即自然承载力子系统、基础设施承载力子系统、经济承载力子系统和社会承载力子系统。

（二）当前研究的不足

然而，对于当前城市承载力的研究存在不足。理论界对于城市承载力的研究多聚焦于对于城市承载力的评价，通过构建城市承载力评价指标，使用一定的评价方法来对城市承载力水平进行综合评价，而对于城市承载力如何进行提高鲜有涉及。这种只"看病"不"开药方"状况不利于城市综合承载力的提高。实际上，城市承载力水平的提高和改善需要城市综合开发项目的介入，例如，城市污水设施项目的开发建设，从而提升城市的环境承载力；城市地铁的建设与开发，提升城市的交通承载力；城市大学城的建设与开发，提升城市的社会承载。城市承载力的提高离不开城市新的功能区的开发建设和老城区的改造，离不开各种基础设施平台的搭建。因而，城市承载力水平的提高要研究城市的开发项目与城市承载力水平之间的关系。本书通过大样本的案例调研，揭示了城市承载力与城市综合开发项目之间的关系。

1. 城市综合开发项目是城市综合承载力提高的重要途径

为了满足城市人口的不断扩展和经济增长及产业发展的需要，城市综合开发项目成为提高城市综合承载力的重要途径。城市综合开发项目为公众提供更多的基础设施，例如道路、桥梁和公交系统等，并且在环境承载力方面，很多环保设施和治污设施的建设都离不开相关项目的建设与开发。城市承载力与开发项目的关系，如图2-4所示。

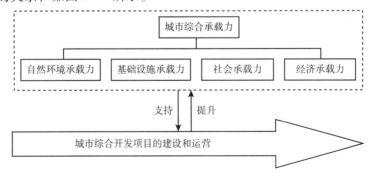

图2-4　城市综合开发项目与城市综合承载力互动关系示意图

2. 城市综合承载力是城市综合开发项目的必要支撑条件

城市综合开发项目在建设过程中需要各种资源支持和相关条件的配合，也就是说，城市综合开发项目的建设和运营需要城市自然环境、基础设施、城市经济和社会承载力的支持。若忽略了城市承载力对城市综合开发项目的支持，城市综合开发项目的成功度将会大打折扣。例如，城市综合开发项目所出现的基础设施不配套问题是由于城市基础设施承载力不能够支持项目的建设和运营所造成的，而城市综合开发项目中出现拆迁冲突等问题则是由于社会承载力不足所造成的。在项目前期对于城市综合开发项目受城市承载力的影响进行评价，能够积极地对城市综合开发项目的方案进行修正，从而能够提高城市综合开发项目的成功度。

第二节　有关城市综合开发项目的研究综述

尽管国内外的文献中没有直接论述城市综合开发项目与城市承载力关系的著作或论文，但是有关城市综合开发项目与城市经营、城市管理的关系的论著屡见不鲜。这其中散落着城市承载力与城市综合开发项目互动关系的思想，本书正是在这些思想的启迪下，提出了城市综合开发项目与城市承载力相互影响的评价模型。

一、有关城市综合开发项目与城市发展关系的研究综述

城市综合开发项目对于城市的发展和功能的完善有着非常重要的作用。有关城市综合开发项目，有诸多称谓，有的称其为城市大型建设开发项目，有的称其为大项目，但是不管其称谓是什么，其具有公益性特点、都是政府主导的城市建设大型项目，其目的都是为了提升城市综合承载力。以下将对国内外有关类似项目研究的文献进行梳理和研究。

近年来有关大型项目的研究成为一个热点，大型项目与本书所论述的城市综合开发项目具有共同的特性。对大型项目的定义很多学者都有各自的看法，Altshuler Alan 认为大型项目是"物质的、耗资巨大的，以及公共的"[①]。巨型工程一般具有投资额度大和政府主导的特点。例如，美国联邦公路管理局

---

① Alan Altshuler. Mega-projects: the changing politics of urban public investment [M]. The Brookings Institution, 2003.

（FHWA）将巨型工程定义为投资超过 10 亿美元的重大基础工程，或者对社会、环境和预算有显著影响而具有较高公众关注度和政治效益的工程。这与我们描述的城市综合开发项目是具有共性的。城市综合开发项目也具有投资额度大、涉及面广、公益性强、政府主导等特点。

Guangshe Jia 等认为大项目对于城市甚至一个国家的作用是巨大的。许多国家都把大型项目看做是提升国家的政治和经济形象的一个重要手段①。

沈璐认为，大型项目对一个城市有着重要的积极作用，通常由公共财政支持，其具有超过建筑物本身的作用。这种项目基本可归纳为 4 种大型项目，即大事件项目、城市复兴项目、旗舰项目和基础设施项目②，如表 2 - 1 所示。

表 2 - 1 　　　　　　　　　　　四种类型的大项目

种 类	特 征	例 子
城市大事件项目	城市庆典项目，对城市基础设施建设有推动作用，投资大，由于其公益性通常由政府投资。尽管城市庆典持续时间不长，但是城市大事件项目巨大的推动作用能够长期作用于城市发展	世博会、奥运会等
旗舰项目	工程对企业本身或者城市甚至整个区域形象的提高具有重要影响，工程本身具有旗舰效应	某城市的主导产业的标志性盛会，如青岛啤酒节等
城市复兴	以提高城市中心的功能，改善城市中心居民生活水平为目的的	天津海河的改造项目、北京后海的改造等
基础设施建设	交通、能源、电信以及一些公益设施的建设	火车站、机场建设、道路、桥梁等建设、科技园和高校建设

资料来源：沈璐. 大型项目对城市发展和城市管理的影响［J］. 北京规划建设，2009（2）：31 - 33.

表 2 - 1 中所指的四类项目与本书所论述的城市综合开发项目有着直接或者间接的联系，其中城市复兴项目就是本书所论述的城市综合开发项目的一类，基础设施建设项目是城市综合开发项目所包括的一个项目或项目群，而城市大事件项目则可能包括多个城市综合开发项目。这些项目对于城市的发展和更新有着巨大的作用。

---

① Guangshe Jia, Fangjun Yang, GuangbinWang, et al. A study of mega project from a perspective of social conflict theory ［J］. International Journal of Project Management, 2011, 29（10）: 817 - 827.

② 沈璐. 大型项目对城市发展和城市管理的影响［J］. 北京规划建设，2009（2）：31 - 33.

宋煜研究了大型项目与欧洲城市建设的关系，他认为城市大型项目的研究不能够脱离城市的现实载体而孤立的进行。主要包括两个方面，首先，城市项目受到城市政策、资金以及公众意见等各个领域的影响；其次，大型项目也会影响到城市的各个方面。大型项目不仅是对政治、经济发展变化的反应，还是城市发展的催化剂①。这与本书的思想不谋而合。

李世伟对大项目带动下的城市更新进行了研究，对于 CBD 大项目、世博会大项目对于城市的更新和发展作用进行了研究。得出结论城市大项目能够有力地推动城市的更新②。

朱勍等以上海世博会为例研究了大型城市项目对于城市空间的影响。集中分析了世博会与城市的关系，认为世博会成功的关键在于会前统筹利用城市资源，减少投资风险，即"城市为世博"，会后要有效利用世博会的载体，减轻城市负担，即"世博为城市"。该文论证了世博会这样的大型城市项目与城市的双向发展和制约关系③。

从以上研究我们可以看出，理论界对于城市综合开发项目与城市发展之间的关系已经取得了共识，认为城市综合开发项目与城市发展有着密切的关系。

二、有关城市综合开发项目与城市综合承载力关系的研究综述

依据本书对于城市综合承载力的综述，城市综合承载力包括城市自然环境、城市基础设施、城市经济与社会四个方面的因素。以下将对于这四因素与城市综合开发项目的关系的文献进行研究。

（一）城市综合开发项目与自然环境关系的研究综述

有关大型工业设施项目、水利设施项目、大型的交通设施项目对于环境的影响评价的研究较多，但是对于城市综合开发项目与环境的关系的影响的研究是近些年才开始的。

Jeonghwa Yi 和 Theo Hacking 以韩国为例对城市综合开发项目对于气候的影响评价进行了研究。他对韩国城市综合开发项目开展环境影响评价的情况进

① 宋煜. 大型项目的发展与欧洲城市建设 [J]. 国际城市规划，2009（3）：65–71.
② 李世伟. 我国大项目带动型城市更新探析 [D]. 北京：清华大学硕士学位论文，2004.
③ 朱勍. 大型城市项目规划建设对城市空间的影响——以上海世博会为例 [J]. 规划师，2006（11）：16–18.

行了介绍，尤其关注了城市综合开发项目对于气候变化的影响，得出结论韩国将温室气体排放的标准纳入环境影响评价在长期来说对于社会有益，并对城市综合开发项目提出了更高的排放标准和要求①。

Tomás Gómez-Navarro 等人对于城市开发过程中的环境影响进行了研究，构建了城市综合开发项目所带来的环境压力指标，主要包括使用的土地规模、人口密度、能源消耗、水消耗和废物量②。

John Morrissey 等从可持续发展角度构建了城市基础设施开发项目战略评价框架，他认为城市基础设施开发项目的可持续评价应该在项目的前期就应该考虑进来，并且在项目前期进行评价能够起到事半功倍的效果③。

由以上研究可见，有关城市综合开发项目与城市自然环境的关系的研究着重在于城市综合开发项目对于土地、水等自然资源的城市自然资源的耗费，同时，也渐渐开始关注城市综合开发项目的废物排放及其开发强度对于生态环境的影响。

（二）城市综合开发项目与城市基础设施的关系的研究综述

城市综合开发项目与城市基础设施之间有着密切的关系。城市综合开发项目会对城市基础设施产生一定的影响，同时，项目的正常建设和运营也需要基础设施的支持。例如，大学城的建设会产生更多的交通需求，对现有的交通设施产生较大的压力，因此需要分析现有的交通设施能否承载新的交通需求，当不能够承载时，就需要增加现有的交通设施。

城市基础设施包括城市工程性基础设施和社会性基础设施两类。它们对于城市综合开发项目功能的实现都具有重要的意义。以下对于两类基础设施与城市综合开发项目的关系研究进行梳理和总结。

1. 有关城市综合开发项目与城市工程性基础设施的关系的研究

城市工程性基础设施包括交通、给排水、防灾、环保、能源和电讯六类，

---

①　Jeonghwa Yi, Theo Hacking. Incorporating climate change into environmental impact assessment: perspectives from urban developmemt projects in South Korea [J]. Procedia Engineering, 2011, 21: 907 – 914.

②　Tomás Gómez-Navarro, Mónica García-Melón, Silvia Acuña-Dutra, et al. An environmental pressure index proposal for urban development planning based on the analytic network process [J]. Environmental Impact Assessment Review, 2009, 29 (9): 319 – 329.

③　John Morrissey, Usha Iyer-Raniga, Patricia McLaughlin, et al. A Strategic Project Appraisal framework for ecologically sustainable urban infrastructure [J]. Environmental Impact Assessment Review, 2012, 33 (2): 55 – 65.

作者对文献进行调研后，发现有关城市综合开发项目与城市基础设施的关系研究集中在城市综合开发项目与交通设施的关系。

城市综合开发项目与城市交通基础设施之间是互为促进、互为增长的关系。城市综合开发项目对城市交通基础设施提出了新的要求，同时，当城市交通基础设施不足以支持开发项目时，会给项目的功能的实现带来诸多问题。陈燕凌对 2004~2008 年北京的交通基础设施的投资和城市建设项目投资水平进行了研究，发现城市建设项目与城市交通基础设施的投资以相对平衡的比例增长[①]。

因而，在对大型的城市综合开发项目进行评价时，通常进行交通影响评价。交通影响评价（Transpotation Influence Analysis，TIA）在 20 世纪七八十年代发源于美国，最早由美国交通工程师协会（ITE）所倡导。1988 年，ITE 发布了《地块开发交通影响评价指南》和《地块开发交通进出条件及交通影响研究》两份报告，以技术指南的形式对美国的建设项目的交通影响提出了指导性的要求。1991 年，ITE 对《地块开发交通进出条件及交通影响研究》进行修订，并于 2006 年对 1991 年的报告再次修订，推出了《地块开发交通影响评价》。我国在 20 世纪 90 年代将交通影响评价从国外引入。近年来，随着交通矛盾的日益凸显，北京、上海、浙江等省市陆续推出开展交通影响评价的规定[②③④]。我国近年来的城市开发建设项目较多，有许多项目都进行了交通影响评价。例如，上海虹桥综合交通枢纽的交通影响评价等[⑤]，从 2004~2008 年北京市对 1179 个建设项目进行了交通影响评价工作。

（1）交通影响评价的含义。王运霞等认为交通影响评价是在项目立项之前，定量地分析城市综合开发项目对交通的影响效果，当交通需求超过现有交通设施的能力时，要设置相应的交通改善措施，以减少开发项目对周边交通的负面影响[⑥]。唐志强认为交通影响评价的目的就是对项目建成使用后所产生的

---

① 陈燕凌等. 交通影响评价与城市建设发展关系分析——以北京为例 [J]. 交通运输系统工程与信息, 2009 (12)：21 – 25.

② 北京市规划委员会. 关于对部分新建项目进行交通影响评价的通知，附件：北京市建设项目交通影响评价准则和要求 [Z]. 2001.

③ 上海市城市规划管理局. 上海市建设项目交通影响评价规划管理暂行规定 [Z]. 2006.

④ 浙江省建设厅，浙江省公安厅. 浙江省建设工程交通影响评价技术导则（试行）[Z]. 2007.

⑤ 陈必壮等. 虹桥综合交通枢纽的交通影响评价 [J]. 交通运输系统工程与信息, 2009 (12)：87 – 91

⑥ 王运霞等. 城市建设项目交通影响评价方法研究 [J]. 中国公共安全（学术版）, 2011 (2)：94 – 97.

新的交通需求对周围交通产生的影响程度进行评价，提出缓解对策，缓解城市土地开发项目引发的新增交通量对周围路网的交通压力①。

（2）交通影响评价的内容。交通影响评价通常包括以下内容，如表2-2所示。

表2-2   交通影响评价内容

序号	名　　称	内　　容	解　　释
1	项目的基本概况	主要包括项目的地理位置和地块特征、建设规模和性质；周边地区的开发强度、用地性质、其他拟建项目的特征等	概况介绍
2	拟建项目及其影响区内对交通设施系统的需求	拟建项目所产生的交通通行量的预测。这相当于交通承载力的压力源的分析和预测	本质上是分析拟建项目所产生的交通压力
3	现状交通系统分析	包括项目直接影响区的道路网现状，周边道路网与拟建项目出入口的连接方式、拟建项目周边公共交通设施状况以及项目周边的停车设施等交通基本状况	本质上是分析承压系统的现状
4	未来交通设施系统	是指拟建项目影响区域内路网的交通规划、交通路网、公共交通等设施的改善	本质上是分析承压系统的将来的状况
5	交通影响分析	分析拟建项目产生的交通量对周边路网上带来的压力、道路交叉口的负荷度、拟建项目产生对周边公共交通系统带来的压力等	本质上是分析交通承载力是否超过了阈值
6	交通系统的改进	拟建项目对周边路网所产生的影响的改进措施，项目公共交通设施的完善以及项目内部路网的建设等	本质上是交通承载力的提升措施

从表2-2可以看出，交通影响评价的内容本质上是一个交通基础设施的承载力评价问题。大型的建设项目的建设和运营会增加交通基础设施的压力，新增的压力是否在现有的交通基础设施的承载范围之内，若超过承载范围，将采取什么样的应对措施。因而，大型建设项目的交通影响评价本质上就是一个承载力评价问题。

实际上，交通影响评价的核心是城市项目（建设项目）是否超过了当前

---

① 唐志强. 城市大型建筑建设项目交通影响分析的研究［D］. 长沙：长沙理工大学硕士学位，2006.

交通基础设施的承载力水平。交通基础设施的承载力阈值是关键，国内外的许多文献都明确表明了这一点。我国香港地区政府十分重视土地利用和交通设施的关系，使用了土地利用和交通优化利用的 LUTO（Land Use and Transportation Optimization Model）模型[1]。该模型规定，在城市规划中要注意地块的开发强度受到交通容量限制，任何城市土地开发项目都不能超越交通容量的上限。这个容量的上限就是一个承载力的阈值。蔡晓禹提出大型建设项目进行交通影响分析的关键是确定建设项目交通状况的影响是否超过其阈值，是否应采取适当的交通改善措施，从而交通影响的角度判定是否应该准予项目的建设[2]。

以上是对交通基础设施与项目之间相互关系的研究，但是对于开发项目与其他基础设施的互动关系研究理论界鲜有涉及。

2. 城市社会性基础设施与城市综合开发项目的关系的研究综述

城市社会性基础设施也称为公共设施，包括行政办公、商业金融、文化娱乐、体育设施、医疗卫生、教育设施等。公共设施规模较大，辐射力强，对于城市居民的正常的生活有着重要的意义。我国无论在理论界还是在实践规划中，都认识到了社会性基础设施的作用并开展了诸多研究。

然而，本书在对文献进行调研的基础上发现，我国对于城市社会性基础设施的配套大多是在城市区域层面去考虑的，而不是从项目层面进行规划的。也就是说，是从地域作为社会性基础设施配套的基准，而不是以城市综合开发项目作为基准。例如，各个城市一般都规定了行政办公、商业金融、文化娱乐等社会性基础设施的用地比例和人均用地的底线，表2-3至表2-8可见天津市城市公共设施的最低用地标准。

表2-3　　　　　　　　天津市城市公共设施的综合用地指标最低标准

指　　标	中心镇、一般镇	新城	滨海新区核心区	中心城区
用地比例（%）	8.6	9.2	11.6	13.0
人均用地（平方米/人）	8.8	9.1	9.5	10.0

资料来源：天津市城市规划管理技术规定.

---

① 黄良会. 香港城市交通影响评价实践及启示 [J]. 城市交通，2008（2）：64－70，75.

② 蔡晓禹，杜豫川，孙立军. 城市大型建设项目交通影响分析 [J]. 西部交通科技，2006（6）：77－80.

表 2 – 4   天津市行政办公公共设施的用地指标最低标准

指　标	中心镇、一般镇	新城	滨海新区核心区	中心城区
用地比例（%）	0.8~1.2	0.8~1.3	1.0~1.4	1.0~1.5
人均用地（平方米/人）	0.8~1.3	0.8~1.3	0.8~1.1	0.8~1.1

资料来源：天津市城市规划管理技术规定.

表 2 – 5   天津市城市商业金融公共设施的用地指标最低标准

指　标	中心镇、一般镇	新城	滨海新区核心区	中心城区
用地比例（%）	3.1	3.3	3.8	4.2
人均用地（平方米/人）	3.3	3.3	3.2	3.2

资料来源：天津市城市规划管理技术规定.

表 2 – 6   天津市城市文化娱乐公共设施的用地指标最低标准

指　标	中心镇、一般镇	新城	滨海新区核心区	中心城区
用地比例（%）	0.8	0.8	1.1	1.1
人均用地（平方米/人）	0.8	0.8	0.8	0.8

资料来源：天津市城市规划管理技术规定.

表 2 – 7   天津市体育公共设施的用地指标最低标准

指　标	建制镇	新城	滨海新区核心区	中心城区
用地比例（%）	0.6~0.9	0.5~0.7	0.5~0.8	0.6~0.9
人均用地（平方米/人）	0.6~1.0	0.5~0.7	0.5~0.8	0.5~0.8

注：定位于体育产业的新城和建制镇，用地指标可以突破上限。

资料来源：天津市城市规划管理技术规定.

表 2 – 8   天津市医疗卫生公共设施的用地指标最低标准

指　标	建制镇	新城	滨海新区核心区	中心城区
用地比例（%）	0.7~0.8	0.6~0.8	0.9~1.1	1.0~1.2
人均用地（平方米/人）	0.6~0.7	0.6~0.8	0.8~1.0	0.9~1.1

资料来源：天津市城市规划管理技术规定.

从以上资料我们可以看出，城市工程性基础设施的规划标准是按照不同区域来进行区分的，而不是按照城市大型的开发项目的实际需求来进行规划的，也就是不是按照"项目"进行配套，而是一般的按照区域来进行配套。这样就客观造成了城市公共设施没有按照实际需求进行配置，而出现了"一刀切"的情况，这不利于有限资源的充分利用，不利于城市公共设施效用的有效发挥。因而，本书提出应该将城市公共设施的配套与项目结合起来，分析项目对公共设施的需求，同时分析城市现有的公共设施是否能够满足，存在多少缺口，进而决定需要建设的公共设施的规模和种类。

（三）有关城市综合开发项目与城市社会环境互动关系的研究

城市综合开发项目处于城市的社会环境中，对城市的文化和价值观、社会结构和社会关系产生重大的影响，同样也受到其反作用力。

戚安邦对于城市宏观的社会环境对项目的影响进行了详细的分析并对宏观社会环境的概念范畴进行了研究[1]。他认为项目的宏观社会环境主要是指项目所处国家或地区的社会制度、社会结构、社会关系、社会文化、社会意识、社会风俗和习惯、社会信仰和价值观念、人们的行为规范和生活方式、社会生产关系、社会的文化传统、伦理道德规范、审美观念、宗教信仰等因素所形成的宏观环境。总体来说可以分为五个方面，如表2－9所示。

表2－9　　　　　　　　项目受宏观社会环境影响因素

评价	具体因素	核心内容
社会制度和社会体制	国家或地方的社会制度	在特定国家或地区内法人总体社会制度，社会各个不同领域中的制度，各种具体工作的制度等
	国家或地方的社会体制	政府、市场与社会组织在社会管理、公共服务、解决社会纠纷的机制与体系等
社会结构和社会关系	国家和地方的社会结构	包括人口与群体结构、社会人群组织结构、社会阶层结构、人群地域结构、社会生活方式结构等
	国家和地方的社会关系	个人之间、个人与集体和国家之间的关系、集体与集体和国家之间的经济、政治、法律、宗教关系等
社会文化和社会价值	国家和地方的社会文化	社会文化包括哲学、艺术、宗教、教育、文学、民族文化、政治思想和法律思想等方面的内容
	国家和地方的社会价值	社会不同阶层、民族、宗教等群体在社会经济和政治生活中对各种事物的态度、看法和分享的价值观

---

[1] 戚安邦. 项目评价学 ［M］. 北京：科学出版社，2012.

续表

评价	具体因素	核心内容
社会风俗和社会信仰	国家和地方的社会风俗	特定社会中人们所具有的传统风尚、礼节、习性以及人们共同遵守的行为模式或习惯与规范等
	国家和地方的社会信仰	社会中的人们对某种理论、学说、主义的信服和尊崇并把它奉为自己的行为准则和活动指南
社会道德和社会生活方式	国家和地方的社会道德	人们在社会实践活动中积淀下来的道德准则、文化观念、思想传统和行为准则等
	国家和地方的社会生活方式	人们在一定历史与社会条件下衣、食、住、行、劳动、工作、休息、娱乐、社会交往、待人接物等物质消费、精神活动、社会交往方面的主导模式。

资料来源：戚安邦. 项目评价学［M］. 北京：科学出版社，2012.

尽管项目受到社会制度和社会体制、社会结构和社会关系、社会文化和社会价值、社会风俗和社会信仰以及社会道德和社会生活方式等多方面因素的影响和制约，当前对于城市综合开发项目与社会环境的关系的研究多集中在城市综合开发项目对于社会结构和社会关系的影响及其受其制约关系上。

城市综合开发项目中涉及政府、开发商、民众多方的利益主体，这些利益主体在城市综合开发的过程中，分别承担着不同的责任和义务，对城市综合开发项目有不同的需求，甚至有些主体的需求是相互冲突的，因而必须保证好各个主体之间利益的平衡。若不能够很好的处理利益主体之间的关系，则会对社会结构和社会关系产生一定的影响，若超过稳定的社会关系所能够容忍的极限，则会产生一些社会问题。这方面的文献很多，多从社会学的角度来进行研究。

陈映芳对城市综合开发项目中政府的正当性和合理性空间提出了质疑，认为城市综合开发项目在价值的重构过程中，政府和城市开发商达成了利益共识，拆迁居民在城市开发过程中受损[①]。

文首文对旅游地区的社会承载力进行了研究，他认为旅游业产生了代表不同利益的社会群体，包括旅游地当地政府、当地居民、旅游企业、游客等。当这些社会群体在某些利益上产生了矛盾，不能够协调，当这些不安定因素不能够自我协调的时候，当地社会结构和社会关系就处于不稳定状态。这时候社会

———————

① 陈映芳. 城市开发的正当性危机与合理性空间［J］. 社会学研究，2008（3）：29 - 55.

承载力就会超过阈值。因而，他对社会承载力的概念界定为：旅游地各种利益群体在旅游业带来的社会影响冲击下的最佳稳定状态①。

经伦从博弈的角度出发，分析了在政府作为土地的供给方，规划和配套、监管和规则的组合供给者的情况下，政府与开发商结成合法性利益关系，从而造成了业主的维权困难②。

陈煊以武汉汉正街的开发改造为案例对于城市更新过程中地方政府、开发商与民众的关系进行了研究，剖析了三者之间的作用关系和相互制衡的作用因子。他认为在城市的更新的过程中，地方政府操纵着正规性规则的制定，民众的力量由于无法在正规性规则制定中表现出来，则更多地采用非正规性的行为来实现自己的利益诉求③。

徐建利用社会排斥的理论对于当前城市更新过程中产生的社会空间极化的危险进行了论述，深刻的分析了城市更新项目给弱势群体所造成的就业排斥，社会资本排斥，基本服务排斥等④。

从当前文献来看，城市综合开发项目在开发和建设过程中由于涉及多方利益主体的博弈关系，加上近年来拆迁与反拆迁等社会性事件频发，理论界更多地从弱势群体利益的诉求方式和博弈结果来对社会结构和关系的变化进行研究。城市综合开发项目会对城市利益关系进行重构，这将会影响到城市社会的稳定和和谐，城市社会关系对于城市综合开发项目的容忍程度关键在于城市综合开发项目对于弱势群体的关注度和补偿力度。这是本书在构建城市综合开发项目社会承载力评价指标的一个不可或缺的因素。

三、对城市综合开发项目研究和理论的评述

当前有关城市综合开发项目的研究认识到了城市综合开发项目城市环境的双向制约关系。城市综合开发项目的实施是为了改变或者提升城市的政治或经济形象，同时，城市综合开发项目在其建设和运营的过程中受到城市自然环境、基础设施环境等影响和制约。然而对于当前的研究需要从以下几点进行改善和提高。

---

① 文首文. 发达地区与欠发达地区旅游社会承载力比较 [J]. 经济地理，2008（9）：887－890.

② 经伦. "城市开发" 名义下的业主维权障碍解析 [J]. 南京社会科学，2011（8）：67－71.

③ 陈煊. 城市更新过程中地方政府、开发商、民众的角色关系研究 [D]. 武汉：华中科技大学博士学位论文，2009.

④ 徐建. 社会排斥视角的城市更新与弱势群体 [D]. 上海：复旦大学博士学位论文，2008.

（一）　城市综合开发项目与城市关系的研究核心为其承载力分析

城市综合开发项目与城市关系的核心要点是城市自然环境、城市基础设施、城市经济和城市社会对于城市综合开发项目的承载能力及其水平。现有对于城市综合开发项目（大型项目）对于城市发展的作用的研究从根本来说就是为了提高城市综合承载力；而城市综合开发项目与城市自然环境、基础设施、城市社会的关系的研究从其根本上来说是分析城市自然环境、基础设施、城市经济和社会这个承压系统能否支持大型的城市综合开发项目。例如，环境评价的关键是分析城市综合开发项目对于环境承载系统的压力是否超过了其承载力阈值；基础设施评价的关键是分析城市综合开发项目对于基础设施的压力是否超过了其承载力阈值。因而，本书引用城市综合承载力的概念来综合分析城市综合开发项目与城市的双向影响和制约关系。

（二）　城市综合开发项目与城市关系的研究需要综合集成

城市综合开发项目在建设和运营的过程中，受到城市自然环境、城市经济、城市基础设施和城市社会等诸多因素的影响，同时也改变着城市的自然环境、经济、基础设施综合承载力。当前的理论研究都是从某一个因素与城市综合开发项目的关系的角度入手，例如城市综合开发项目与自然环境的关系的研究、与基础设施的关系研究等。而城市综合开发项目的综合评价不能只从一个方面展开，只有全面的集成性分析和评价，才能够展现出城市综合开发项目与城市承载力互动关系的全貌，才能够更好地指导项目的建设和运营。

本章对于有关城市承载力、城市综合开发项目的文献进行了梳理、总结和评价。通过对城市承载力的文献综述明确了城市综合承载力的理论内涵，城市承载力的理论内涵包括城市自然环境、基础设施、经济和社会承载力等多个方面，是一个综合能力。通过对城市综合开发项目的文献综述明确了城市综合开发项目与城市自然环境、基础设施、经济和社会的双向影响关系，为构建城市综合开发项目受城市承载力的影响评价指标奠定了基础。

第三章 基于承载力的城市综合开发
项目评价模型框架

城市综合开发项目与城市承载力有着密不可分的关系。城市综合开发项目能够弥补城市承载力的缺口，提升城市承载力，这是城市综合开发项目得以启动的前提条件；同时，城市承载力又对城市综合开发项目有影响和制约作用。在项目的启动阶段，要对这两方面进行综合评价，从而达到在城市管理层面能够提高城市的综合承载力，在项目管理层面能够提升项目的功能和项目成功度的目的。本章将对基于承载力的城市综合开发项目的评价模型及其研究过程进行介绍，是对第四章、第五章、第六章的概述。

第一节 城市综合开发项目对承载力贡献的0－1评价模型

城市综合开发项目是提升城市承载力的重要途径，然而并没有相应的项目评价理论来研究城市综合开发项目与城市承载力之间的关系。只有能够弥补城市承载力缺口的项目才能得到批准，否则就应该终止，这就是本节所要构建城市综合开发项目对于城市承载力贡献的0－1评价模型的核心内容。

一、城市综合开发项目0－1评价模型研究过程

本书对于城市综合开发项目承载力评价模型的研究开始于对城市综合开发项目所进行的调查研究。2010年12月，笔者在南开大学项目管理中心与C集团合作开展城市综合开发项目研究。在对城市综合开发项目调研阶段，发现城市综合开发项目往往是为了发展城市经济，完善城市功能而启动的。也就是说，城市综合开发项目是为了弥补城市承载力的缺口而得以建设和运营的。带着这个问题，笔者对天津、上海等城市的城市综合开发项目以网上和实地调研相结合的方式进行了调研，发现了城市综合开发项目的初衷与提升城市承载力的需求密不可分。正是有了提升城市承载力的需求，才有了城市综合开发项目

的开发和建设。城市综合开发项目对城市承载力的贡献的案例研究如表 3 - 1
所示。

表 3 - 1　　　　城市综合开发项目案例介绍及其对城市承载力的贡献

项目名称	所在地	项目性质	项目简介	提升城市承载力
海河教育园	天津	大学城	职业教育大学城。包括 7 所职业大学的建设和 2 所高等院校的建设	建设天津市职业教育平台，提升天津市职业教育承载力
子牙循环经济产业区	天津	产业园	建设再生资源拆解基地、研发中心；深加工与再建造业示范基地、环保技术设备开发示范基地	提升北方地区的城市环境承载能力和经济承载力
上海虹桥交通枢纽	上海	交通枢纽	集成了航空、铁路、城市轨道交通、高速公路、城市巴士、出租车等多种交通方式为一体，具有集中换乘功能的特大型城市交通基础设施	提升上海和华东地区的交通承载力
于家堡金融区	天津	金融中心区	建设金融改革创新基地，打造包括现代金融、现代商务、高端商业、信息服务及相关配套服务等 "4 + 1" 产业体系，构筑有特色、高增长、广辐射的现代服务业聚集区	提升天津市作为北方经济中心的金融服务承载力
文化中心建设项目	天津	科教文化区	包括图书馆、美术馆、博物馆、大剧院以及周边的文化产业设施	提升天津市文化事业承载力
陆家嘴金融中心	上海	金融中心区	陆家嘴金融区位于上海浦东陆家嘴地区，是 1990 年开发开放浦东后，在上海浦东设立的中国唯一以 "金融贸易" 命名的国家级开发区	提升上海乃至华东地区的金融服务承载力水平
天津市健康产业园	天津	体育场馆及体育产业	坐落于天津西南部，包括体育场馆及其相关体育产业设施的建设	提升天津地区的体育基础设施承载力

　　通过以上案例调研分析，发现城市综合开发项目与城市综合承载力有着密不可分的联系，城市综合开发项目承担着优化城市功能，提升城市承载力的重要使命。因此在对城市综合开发项目进行评价时，要分析和评价城市承载力是否存在缺口，能够弥补城市承载力缺口是城市综合开发项目得以批准的基本准则。

二、城市综合开发项目对承载力贡献 0 - 1 评价模型基本准则

是否能够弥补城市承载力缺口是城市综合开发项目启动与否基本准则，只有能够弥补城市承载力缺口的项目才得以启动是解决当前"城市承载力不足"与"城市承载力过剩"同时并存问题的唯一途径。

（一）"承载力不足"和"承载力过剩"并存的现象

城市化进程的加快以及城市人口的增加对城市的综合承载力提出了新的挑战和要求。城市的自然环境、基础设施、经济和社会等综合环境能否承载城市人口的不断增长是决定城市化过程能否顺利进行的关键因素。因此，各级政府的城市管理和发展政策不无与提高城市综合承载力水平密切相关。然而，我国城市在整体承载力水平不断提升的前提下，却存在着"城市承载力不足"和"城市承载力过剩"并存的现象。这种现象的存在，无疑与城市综合开发项目的评价与城市承载力的脱节直接相关。我国的城市承载力不足和过剩的现状，如表 3 - 2 所示。

表 3 - 2　　　　　　　　　我国城市承载力不足和过剩的现状

状态	表现形式	案　例
承载力不足	城市污水处理、垃圾处理等基础设施不足；基本水利设施不足；文教卫生等公共设施配套不足等，不能够承载城市居民的正常生活	城市旧城经常出现的排水设施不足，造成逢雨必涝的现象的发生
承载力过剩	多发生在经营性基础设施和一些政绩工程的建设上。如高速公路、机场客流量不够，承载力过剩。也可能是由于城市定位失误，错误地进行大规模的城市综合开发项目建设，造成的固定资产的沉没投资	1995 年投资建设的珠海机场，投资将近 100 亿元。按照一级民用机场进行整体规划，而在 2000 年的客流量，不足设计客流量的 1/24，不足深圳黄田机场的 1/10，不足北京首都国际机场的 1/35，不足香港机场的 1/60，每月客流量只相当于白云机场一天的客流量

表 3 - 2 中显示出的我国当前基础设施承载力存在的这种不足和过剩同时并存的现象是不正常的，急需要对当前的状况进行改善。城市承载力的改变是由城市开发建设项目来实现的，城市综合开发项目是其中重要的环节。承载力状况的改善，需要综合评价城市综合开发项目对城市承载力的贡献。只有能够弥补城市综合承载力缺口的开发项目才能得以批准，这是基于承载力的开发项

目评价的一条准则。只有这样，才能做到在资源约束的前提下，城市有限的资源用在了"刀刃"上，切实提高城市的综合承载力水平。

（二）能够弥补城市承载力缺口是城市综合开发项目0－1评价基本准则

城市综合开发项目是为了提升城市承载力，完善城市功能而建设的。因而，是否能够弥补承载力缺口是启动项目与否的一个基本准则。城市承载力存在缺口，项目得以启动；如果城市承载力不存在缺口而启动项目，则会造成承载力过剩，造成城市资源的浪费。具体论述如图3－1所示。

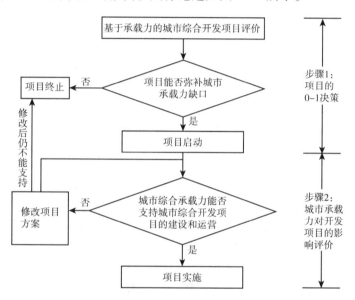

图3－1 基于承载力的城市综合开发项目评价逻辑关系

从图3－1中可以看出，基于承载力的城市综合开发项目的评价包括两个方面，即城市综合开发项目对承载力贡献的0－1评价和城市综合开发项目受城市承载力的影响和制约评价。然而，城市综合开发项目是否能够弥补城市综合承载力的缺口是承载力评价的第一步，也是项目的有无决策依据。能够弥补承载力缺口，项目才能够得以启动，否则项目就要终止。

因而，城市综合开发项目是否能够弥补城市承载力缺口是承载力评价的前提。在能够弥补城市综合承载力缺口的条件下，项目得以启动，接着要对城市开发项目受城市承载力的影响进行评价。步骤1是步骤2的前提条件，在步骤

1 通过的情况下才能够进入步骤 2 的评价内容。本模型的评价内容及其关系如表 3 - 3 所示。

表 3 - 3   基于承载力的城市综合开发项目评价的步骤及其意义

步骤	评价内容	评价标准	评价目的
步骤 1	城市综合开发项目对城市承载力的贡献	城市综合开发项目能否弥补城市承载力缺口	决定是否启动项目（0 - 1 评价）
步骤 2	城市承载力对开发项目的影响和制约因素	城市的社会、经济与环境等承载力能否支持项目的建设和运营	保障项目的正常建设和运营

是否能够弥补承载力缺口是承载力评价的第一步，也是承载力评价的前提条件，只有能够弥补承载力缺口的项目才能够得到批准，在步骤 1 满足的情况下，才开始步骤 2 的评价。

三、城市综合开发项目对城市承载力贡献的 0 - 1 评价流程

城市综合开发项目得以启动的根本原因在于其能够弥补城市承载力的缺口，提升城市综合承载力水平。因而，基于承载力的城市综合开发项目评价首先要对城市综合开发项目是否能够对于城市承载力有所贡献进行评价。只有能够弥补城市承载力缺口的城市开发项目才能够得到批准建设。这个层次的评价模型能够有效地避免当前"城市承载力不足"与"城市承载力过剩"同时存的现象，对于能够弥补城市承载力缺口的项目，要积极的给予批准；对于不存在缺口甚至已经出现过剩承载力的项目，城市开发项目就应该终止。城市综合开发项目对于城市承载力的贡献评价关键在于城市承载力缺口的大小以及城市开发项目能否弥补这个缺口，其评价流程如图 3 - 2 所示。

从以上图形我们可以看出，城市综合开发项目对城市承载力贡献评价的关键是确定承载力的缺口的大小并评价城市综合开发项目在多大程度上弥补了这个缺口。而缺口的确定是重中之重。缺口的产生基于两个方面的因素，一是承载力的压力源，二是承压系统。当两者不匹配时，就会产生承载力问题。当压力源产生的压力大于承压系统的支撑能力，则承载力不足，因而产生承载力缺口，这时需要启动城市综合开发项目以弥补承载力缺口；当压力源产生的压力小于承压系统的支撑能力，则存在着多余的承载力，承载力过剩。以下对承载力压力源和承压体系以及承载力缺口的确定进行分析。

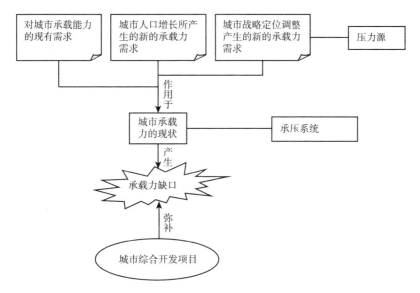

图 3 - 2　城市综合开发项目对城市承载力贡献的评价流程

（一）城市承载力的压力源的评价

城市承载力的压力源是指对承压系统产生压力的活动，通常为人类的生产或生活实践。以交通基础设施为例，交通基础设施承载力的压力源即为人们生产和生活对于交通出勤的实际需要。在对城市承载力的压力源进行评价时要在时间和内容上加以注意。

1. 城市承载力压力源确定的时间期限

在对城市的压力源进行分析时，不仅要对当前的压力源进行评价，也要对未来的压力源进行预测。若忽视了将来的压力源的正常增长和城市战略定位所带来的变革性的增长，则会造成城市承载力在短期内能够承载，然而在长期内不能够支持城市的生产和生活。由于城市综合开发项目历经时间较长，若发现承载力缺口再启动城市综合开发项目，则已经为时已晚，只能采取"临时抱佛脚"的权宜之计，会给城市承载力带来重大的问题。同时，若高估了对于承载力的需求，错误地认为承载力缺口较大，城市开发项目规模较大，则会造成城市交通设施承载力过剩，造成资源的巨大浪费。

因此，在对承载力的压力源进行评价时面临着预测的时间期限的问题。以多长时间作为承载力压力源的时间期限关系到承载力缺口的大小，并直接决定城市综合开发项目启动与否及其规模的大小。由于城市承载力是服务于城市的发展战略的，因而，承载力缺口的预测时间应该与城市总体规划的规划期限相一致，因而本书对于城市总体规划的规划期限进行了研究。依据 2007 年颁布的《中华人民共和国城乡规划法》第十七条第三款："城市总体规划、镇总体规划的规划期限一般为二十年。城市总体规划还应当对城市更长远的发展做出预测性安排"。本书还对近年来的各个城市的城市总体规划进行了研究，发现城市规划的年限为二十年左右，各地近期的城市总体规划如表 3 – 4 所示。

表 3 –4   各地近期的城市总体规划期限

城市	最近一期规划期限（年）	城市	最近一期规划期限（年）
北京	2004 ~ 2020	长春	2010 ~ 2020
南宁	2006 ~ 2020	重庆	2005 ~ 2020
珠海	2001 ~ 2020	深圳	2010 ~ 2020
武汉	2010 ~ 2020	成都	2005 ~ 2020
南京	2007 ~ 2020	西安	2004 ~ 2020
上海	1999 ~ 2020	南昌	2001 ~ 2020
常州	2002 ~ 2020	天津	2005 ~ 2020

由于城市承载力是服务于城市发展的，承载力压力源的评价期限应与城市的总体规划同步。应依据城市总体规划的发展战略和目标、发展步骤和阶段，合理地对城市承载力压力源进行预测和评价，从而能够科学地确定城市承载力的缺口，适时地启动城市综合开发项目。

2. 城市承载力压力源的内容

如图 3 –2 所示，城市承载力的压力源包括 3 方面的内容，论述如下。

（1）对城市承载力的现有需求。现有的需求就是为保障城市的现有的人口的正常生产和生活，对城市环境、基础设施、经济和社会承载能力的客观要求。

（2）城市人口的正常增长产生的新的需求。城市化不断加快的过程中，城市人口不断增长。城市人口的增长必然会对城市的环境、经济和社会承载能力提出更高的要求。在利用城市综合开发项目是否有利于城市承载力的提高这一条原则在对城市综合开发项目进行决策评价时，要适时地估算在未来的发展过程中，城市人口的增加将会对城市承载力带来哪些新的需求，会导致哪些承载力的缺口，从而启动城市综合开发项目进行弥补。

（3）城市战略定位调整产生的新的需求。城市在不断的发展过程中，由于资源禀赋、人口结构、经济增长方式等各方面的变化可能会面临着城市战略定位的调整。战略的调整需要城市在各个方面都要进行调整，以能够实现整体的战略目标。因而，城市战略目标的定位必然会对城市的承载力提出新的要求，导致现有的承载系统能力不足，这时候也需要启动城市综合开发项目去实现城市战略目标。在进行城市战略定位分析时候，要注意不能主观的来定义城市的战略地位。对城市战略地位的定位不实际，盲目夸大，从而认为城市承载力缺口较大，以至于盲目建设开发项目，这是造成当前城市承载力过剩的主要原因。例如，阜阳机场的开发建设就是一个典型。阜阳市位于皖西北的黄淮大平原南端，面积9775平方公里，人口884.66万。辖颍州、颍东、颍泉三区和太和、临泉、阜南、颍上四县以及县级界首市，是安徽省人口最多的城市。20世纪90年代初，原阜阳地委书记王怀忠提出把阜阳建立成为淮北大都市的设想，斥资3.2亿元建立阜阳机场，勉强运营一年后，由于客流量不够不得不关闭，直到2007客服重重困难年才又重新复飞。阜阳机场过剩承载力产生的主要原因，如图3-3所示。

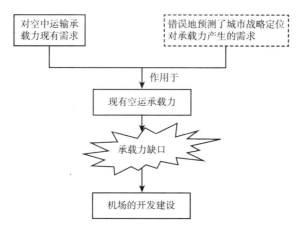

图3-3 过剩承载力产生的主要原因分析

从图3-3可以看出，出现空中运输承载力的过剩的原因，关键在于城市战略定位的失误和错误。在阜阳机场的开发建设过程中，按照城市的对空中运输承载力的现实需求来说，是没有必要开发建设阜阳机场的，而如果按照"国际大都市"的城市战略定位来说，空中运输的承载力明显不足，存在巨大的承载力缺口。正是由于对城市战略定位的失误，在承载力评价过程中得出了存在承载力缺口的错误信息，启动了城市机场的开发建设，最终造成了空中运输承载力过剩。

（二）城市承载力的承压系统评价

城市承载力的承压系统是指现有城市承载力的状况和承载能力。依据本书对于现有的有关城市承载力文献的研究，城市承载力的承压系统通常包括基础承载力和人为系统承载力两个方面。基础承载力也是自然环境承载能力，通常包括自然资源和自然生态两个方面。人为系统承载力通常包括基础设施、经济和社会三个方面，如图3－4所示。

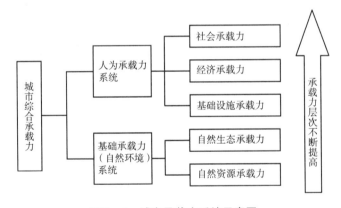

图3－4　城市承载力系统示意图

由图3－4可见，城市承载力包括四个主要因素，也就是城市承压系统包括四个方面，分别是自然环境承载力、基础设施承载力、经济承载力和社会承载力。

1. 自然环境承载力

城市的生存与发展总是建立在一定的自然资源禀赋和生态环境的基础之上，这是城市经济和社会发展的基础力。城市发展历史表明，有许多曾经一度繁荣的城市文明由于城市水资源缺乏或自然生态条件的变化而走向没落，可见城市自然环境承载力的重要性。自然环境可以分为两个层次，首先是水、土地等自然资源的承载力，其次是城市自然生态承载力，包括植被、空气等。当城市的自然环境承载力受到破坏而使城市自然资源匮乏或者城市生态发生不可逆的恶化时，城市就应该有一些开发项目来进行改善。例如，近年来在大城市开展的城市公园的建设和改造项目，是为了提高城市生态承载力而建设的。例如，南水北调项目则是为了提高华北地区的水资源承载力而进行的。

2. 城市基础设施承载力

有关基础设施的内涵和外延国内外学者都有过深刻的研究，各国对于基础设施也有不同的分类方式。

美国经济学家汉森（Niles Hansen），在《不平衡增长和区域发展》一文中把基础设施区分为经济性基础设施和社会性基础设施。经济性基础设施是指直接参与、支持城市物质生产过程的基础设施部门，主要包括城市的能源供应系统、给水排水系统、交通运输系统和邮电通讯系统；社会性基础设施则是指文化、教育、卫生、福利、环保等旨在提高社会福利水平，间接影响城市物质生产过程的基础设施部门①。

印度经济学家姆里纳尔·达塔 – 乔德赫里（Mrinal Datta-Chaudhuri）认为，基础设施可分为狭义和广义之分。狭义的基础设施是指运输和通讯、电力、供水排水等城市公用事业基础设施以及农业中的水利设施等。广义的基础设施概念不仅包括了狭义的基础设施的范围，而且包括教育、科研、环境、公共卫生及整个司法行政系统等领域，它们的费用一般都由社会分摊②。

在美国，城市基础设施主要是指公共基础设施（public works），即为政府直接拥有，可予租赁，或由政府管理，分为公共服务性和生产性基础设施两大类：第一，公共服务性基础设施包括教育、卫生保健、交通运输、司法和娱乐等；第二，生产性基础设施包括能源、防灾、固体废物、电信、废水、给水等系统。

从以上定义可以看出，对于城市基础设施的定义通常包含两层含义。狭义的基础设施是指为了满足城市正常的生产和生活具备的交通、能源、供排、通讯等系统，是城市的硬实力系统；而广义的基础设施则旨在提高城市的教育、卫生、科研等软实力系统。

按照我国《城市规划基本术语标准》的定义，基础设施是指城市生存和发展所必须具备的工程性基础设施和社会性基础设施的总称③。本书采用这个定义，对于两方面的基础设施的内容做以下论述。

---

① Hansen N. Unbalanced Growth and Regional Development [J]. Western Economic Journal, 1965, 4: 3 – 14.

② 邓淑莲. 中国基础设施的公共政策 [M]. 上海：上海财经大学出版社, 2003: 1 – 2.

③ 建设部. 城市规划编制办法实施细则 [Z]. 建规字 [1995] 333 号.

（1）工程性基础设施。按照《城市规划基本术语标准》工程性基础设施分为6大体系，分别为"能源供应、给水排水、交通运输、邮电通信、环境保护、防灾安全"。这6大系统所包括的内容主要有：

第一，能源系统：主要包括电力、煤气（天然气等）、集中供热热源的生产及其供应设施。

第二，水资源和给排水系统：包括城市水资源的开发、利用和管理设施；自来水的生产和供应设施；雨水排放设施；污水排放、处理和中水道等设施。

第三，交通系统：包括城市内部交通设施和城市对外交通设施。

第四，邮电系统：包括邮政设施；电信设施，即市话、长话、国际电话、电报等设施。

第五，环境系统：包括环境卫生、园林、绿化、环境保护等设施。

第六，防灾系统：包括防火、防洪、防地面沉降、防风、防雪、防地震以及人防备战等设施。这六大系统及其包括的内容如图3–5所示。

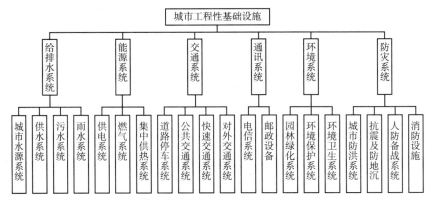

图3–5 城市工程性基础设施分类示意图

资料来源：刘剑锋．城市基础设施水平综合评价的理论和方法研究［D］．北京：清华大学博士学位论文，2007：248．

（2）社会性基础设施。《城市规划基本术语标准》中所称的社会性基础设施通常被大家称为公共设施，也称为配套项目，本书对于社会性基础设施的定义采用1990年建设部颁布的《城市用地分类与规划建设用地标准》的概念，从规划和用地的角度对城市社会性基础设施的内容进行了划分，共分为八类，包括：第一，行政办公；第二，商业金融业；第三，文化娱乐；第四，体育；第五，医疗卫生；第六，教育科研；第七，文物古迹；第八，其他（宗教、社会福利等）。这个分类和包括的内容基本反映了我国在城市规划中所关注和涉及的方面，也是城市综合开发项目功能成功实现不可或缺的保障①。

城市基础设施承载力是指城市的工程性和社会性基础设施对于城市人口的生产和生活承受及支持能力。当城市基础设施承载能力不足时，则会有相应的城市承载能力得以启动。例如，本书第七章所论述的 H 大学城项目的开发建设，就是为了弥补城市社会性基础设施（教育科研）承载力不足而启动的。

3. 城市经济承载力

城市的生存和发展要保证城市居民的就业及其收入的增加，这就需要城市经济保持一定的规模和增长水平，以实现城市居民生活水平的不断提高。城市经济承载力是城市发展的动力，城市经济规模与经济增长对城市人口就业和收入增长的支持能力。一般来说，各地的经济技术开发区的开发建设通常都是为了提高城市的经济承载力而服务的。

4. 城市社会承载力

城市社会的稳定、和谐及其对城市经济发展和人口增长的容忍程度称之为城市的社会承载力。影响社会承载力的因素很多，有文化、价值观、风俗习惯、社会结构和社会关系等。近年来，由于房价高起，社会贫富差距加大，社会的稳定和和谐受到了影响。因而，各个城市都开发建设了保障性住房和廉租房，这是为了提升城市的社会承载力而服务的。

本书所构建的四种城市承载力系统及其含义如表 3 – 5 所示。

表 3 – 5　　　　　　　　　城市承载力系统及其含义

承载力名称	含　　义	城市综合开发项目提升承载力的案例
自然环境承载力系统	城市的自然资源和生态在不发生不可逆的变化下对城市人口和生产生活的支持能力	城市中心广场、公园或公共绿地项目的开发建设
基础设施承载力系统	城市的工程性和社会性基础设施对城市人口生产和生活的支持和荷载能力	城市快速路的开发建设、大学城的开发建设、城市社会医院的建设等
经济承载力系统	城市经济规模与经济增长对城市人口就业和收入增长的支持能力	城市经济技术开发区的开发与建设
社会承载力系统	城市社会的稳定和和谐及其对城市经济发展和人口增长的容忍程度	城市保障性住房和廉租房的开发建设

---

① 建设部. 城市规划编制办法实施细则，1995.

从以上论述我们可以看出，城市承载力的压力源与承压体系的缺口将是城市承载力的缺口，是城市规划与城市管理部门应该重点关注的问题。对于不可避免的承载力缺口，应该有相应的措施去弥补，而城市综合开发项目在一定程度起到了这个作用。

（三）承载力缺口的确定及城市开发项目的启动

当前对于承载力缺口的评价通常以相似城市为基准，而承载力是否存在缺口以及缺口的大小是由城市对承载力的需求与其现状之间的差距来决定的。当需求大于现有的承载力现状的能力时，我们称承载力不足，存在承载力缺口，这时需要启动相应的城市综合开发项目对缺口进行弥补。当压力源的需求小于现有承压系统的能力时，承载力过剩，项目终止，若再进行项目的建设则会造成承载力的进一步过剩。具体分析如表 3 – 6 所示。

表 3 – 6 是否存在承载力缺口的判断标准

现状	评价标准	基本原理	改善措施
承载力不足	城市功能对于承载力的需求大于实际的承压系统的能力	压力 > 承压系统能力	启动相应的弥补城市承载力缺口的项目
承载力过剩	城市功能对于承载力的需求小于实际承压系统的能力	压力 < 承压系统能力	不能够启动类似的项目，否则会造成承载力的进一步过剩

城市承载力缺口的确定对城市综合开发项目承载力的 0 – 1 具有重要的作用，承载力存在缺口，需要启动相应弥补城市承载力缺口的项目；反之，项目就要终止。

第二节 城市承载力对城市综合开发项目影响和制约评价模型框架

城市综合开发项目改变了城市的自然环境、基础设施、经济和社会承载力，城市综合开发项目是否能够弥补城市承载力缺口是城市综合开发项目得以启动的原则和标准。然而，城市综合开发项目在建设和运营的过程中，同样受到城市承载力的影响和制约。城市综合开发项目对于城市自然环境、基础设施、经济和社会承载力又存在着强烈的依赖性，因而在项目决策阶段，要科学地评价城市的自然环境、基础设施、经济和社会承载力对项目的支持和承载能力，当城市承载力不足以支持项目的建设和运营时，就需要对项目的方案进行修正，在某些情况下，城市综合开发项目要被动地适应城市承载力的现状，否则项目的功能会受到很大的影响。本书通过文献调研、案例分析和问卷调查法确定了城市综合开发项目受城市承载力的影响和制约因素，这四个因素分别是自然环境、基础设施、经济和社会承载力，以下将对这些影响因素进行分析。

一、影响城市综合开发项目成功度的城市承载力因素

依据城市承载力的理论内涵——城市自然环境承载力、城市基础设施承载力、城市经济承载力和城市社会承载力，本书将城市综合开发项目的成功度受城市承载力影响的因素分为四类，分别论述如下。

（一）城市自然环境承载力对城市综合开发项目的影响和制约

城市自然环境承载力对城市综合开发项目的影响显著。城市综合开发项目的建设需要城市的土地、原材料等自然资源，项目的建设不能够超越自然生态承载力，否则不仅自然生态遭到破坏，项目的功能和质量也会受到影响。例如，对于土地的过度开发，会破坏城市的自然环境，这样不仅会对自然环境造成不可逆的恶性影响，也会影响到项目自身的功能的实现。再如，项目过度开发，容积率过高，会造成建设项目的通风、采光等功能受到限制，项目的整体舒适度降低。因而项目在策划过程中，规划部门会强制规定项目的容积率、人均绿地等指标，就是为了不超过土地对于项目的承载能力。《国家主体功能区规划》依据资源环境承载力把区域划分为优化开发、重点开发、限制开发和禁止开发四类，对于国土开发密度已经较高、资源环境承载能力开始减弱的区域，要优化开发；对于资源环境承载能力较强、经济和人口聚集条件较好的区域要重点开发；对于资源承载力较弱，大规模聚集经济和人口条件不够好，并关系到全国或较大区域范围生态安全的区域，要限制开发；对于自然保护区，则要禁止开发。之所以作出这样的划分，也是依据不同的区域的环境承载力的特性来决定的。因此，城市自然环境承载力是制约项目正常建设和运营的一个重要的因素。

（二）城市基础设施承载力对于城市综合开发项目的影响和制约

城市综合开发项目功能的实现同样受到城市基础设施承载力影响和制约。例如，大学城的交通功能不仅体现在学校内部的交通状况，更体现在大学城与

外界尤其是与中心城区的通勤功能。这就是城市交通设施对于大型项目的承载能力。若城市交通的承载力不足以满足项目的交通需求，项目就需要重新选址，或者需要修改城市交通规划，例如延长地铁线等。城市综合开发项目对于交通、供水排水、电信、能源等基础设施的需求若超过了现有基础设施的承载力，就需要建设新的基础设施及其公共设施。若项目的建设和运营不能够较好地处理与城市基础设施承载力的关系，合理地做好规划和策划，则会为项目的建设和功能的实现带来重大的问题。例如，大型的城市保障性住房小区交通等工程性基础设施和文教科卫等社会性基础设施配套不完善，给小区居民的正常生活带来的诸多不便，造成了保障房开发项目的功能的缺失。

（三）城市经济承载力对城市综合开发项目的影响和制约

城市综合开发项目需要大量的资金投入，投资具有数量大和期限长的特点。建设资金是否能够支持项目的建设取决于当地政府财政储备的实力和城市资本市场的规模，归根结底取决于城市经济的规模和发展潜力，即城市经济发展对于项目的承载力。项目对于资金的需求如果超过了城市的经济承载能力，则有可能造成资金链断裂，给项目的建设进度带来重大的影响，或者造成项目中止。诸多烂尾工程都是这种经济承载力不足的结果。有些项目虽然建成，但是由于超过城市的经济承载能力，给政府财政带来重大的负担，这些都是因为没有考虑到城市经济承载力与项目之间的关系所造成的。

（四）城市社会承载力对城市综合开发项目的影响和制约

城市综合开发项目在对城市的物质空间进行改造的同时，对城市不同的社会利益关系、社会文化等也产生了深刻的影响。城市综合开发项目的建设涉及的利益主体很多，有城市政府、开发商、非自愿移民、项目客户和用户等。各个利益主体在城市更新建设中各自的利益目标不同，相互之间很容易产生矛盾。当各种社会群体在某些利益上不能取得协调的时候，或在外来因素的干扰下不能进行自我调节的时候，当地社会结构就处于不稳定状态。例如，动迁户如果对拆迁补偿或者拆迁方式不满，产生恶性的拆迁及反拆迁的事件，这说明城市社会承载力出现了失控，项目要重新策划或者项目需要中止。再例如，快速路的建设造成了周边居民不能安全便捷地过马路，影响了居民的出行而出现的群体性事件，这也是城市社会承载力的失控的表现。

在项目决策评价阶段，需要对项目的社会承载力进行评估，即使项目经济是可行的，城市的经济和自然环境是可以承载的，当项目对社会关系的影响超过了社会承载力阈值时，就需要修改项目方案，若方案的修订也不能够扭转社会承载力失控现象，项目就需要终止。

由此可见，城市综合开发项目受城市自然环境、城市基础设施、城市经济和社会的影响和制约，在项目的起始阶段，要对影响因素及其制约程度进行分析，对项目方案进行修正，才能够保证项目的正常建设和运营。

二、城市承载力对城市综合开发项目影响的压力与支撑力分析

从承载力的本源来说，承载力必然包括压力和支撑力。分析城市综合承载力对城市综合开发项目的影响和制约，实际上是在分析城市的自然环境、城市的基础设施、经济与社会对于城市综合开发项目的支持能力。这时候城市综合开发项目是产生压力的压力源，而自然环境、城市的基础设施、城市的经济和社会则是作为支撑力。有关其压力源和支撑力，如表3－7所示。

表3－7　　　　　　城市承载力对综合开发项目影响的压力源与支撑力

影　响	压力源	支撑力
城市自然承载力对项目的影响	城市综合开发项目对城市资源和环境的改变	城市自然资源与生态环境
城市基础设施承载力对项目的影响	城市综合开发项目的功能的实现对城市交通、能源等基础设施产生的需求	城市现有的基础设施
城市经济承载力对项目的影响	城市综合开发项目对经济资源的消耗	城市的经济规模、经济增长等
城市社会承载力对项目的影响	城市大型综合开发项目对社会结构、社会关系和社会文化产生的影响	城市的社会稳定与和谐

从表3－7可以看出，城市综合开发项目由于规模较大、周期较长，对城市社会和经济产生了比较重大的影响，因此受到其反作用力，即支撑力。城市综合承载力对项目的影响实际上就是城市的自然环境、基础设施、经济和社会等各个方面能否支持城市开发项目这个"庞然大物"，当不足以支撑时，就超过了承载范围。正是由于城市综合开发项目的成功度受到了城市承载力的影响和制约，因而在项目评价时要分析其影响和制约因素有哪些，制约程度有多大，只有这样才能够保障项目的成功。

三、城市承载力对城市综合开发项目的影响评价的内容

在项目能够弥补城市承载力缺口的前提下，要衡量城市综合开发项目受城市承载力的影响因素及影响程度。当城市承载力不足以支持项目的建设和运营时，就需要对项目的方案进行修改，从而不超过承载范围。例如，项目周围的污水处理设施不足以支持某城市综合开发项目的正常运营，城市综合开发项目就需要增加污水处理设施子项目，增加开发项目的范围，从而能够保证项目环境不受到损害。在有些情况下，由于投资巨大或者影响深远，要保证城市承载力能够支持项目的正常功能的实现，必须修改交通等城市规划。例如，大学城的交通设施不足，需要修改城市交通规划，延长地铁等路线，以满足项目的正常需要。当城市的规划无法修改或者即使修改也不能够满足承载力的要求时，则需要终止项目。

城市综合开发项目受城市承载力影响的评价要确定三个问题，即城市承载力对城市综合开发项目的影响评价指标体系、城市承载力对城市综合开发项目影响的综合评价方法以及承载力不足的改善和提升途径。这三个部分评价目的、内容以及所在章节如表 3 - 8 所示。

表 3 - 8　　　　城市承载力对城市综合开发项目的影响评价主要内容

序号	评价目的	主要内容	所在章节
1	城市综合开发项目受城市承载力影响因素有哪些	城市承载力对城市综合开发项目影响的指标体系	本书第四章
2	如何对各指标维度进行综合评价	城市承载力对城市综合开发项目影响的综合评价方法	本书第五章
3	当城市承载力不足以支持项目的建设和运营时，如何应对以及改善措施	城市综合开发项目承载能力的提升途径	本书第六章

总之，基于承载力的城市综合开发项目评价模型包括两个阶段。首先是评价城市综合开发项目是否能够弥补城市承载力缺口，能够弥补承载力缺口，项目得以启动，否则就会终止，这是项目的 0 - 1 评价标准；其次，城市综合开发项目通过 0 - 1 评价后，还需要对其受城市承载力的影响进行评价。城市自然环境、城市基础设施、城市经济和社会系统是否能够支持项目的正常建设和运营，是决定项目功能实现程度的重要因素。城市承载力对城市综合开发项目的影响评价包括三方面内容：首先，城市承载力对城市综合开发项目影响因素

有哪些，要求构建科学合理的评价指标体系；其次，要对指标进行综合评价，选择合理的评价方法；最后，在综合评价之后，如何对于承载力不足的现象进行改善，从而能够提高承载力，达到承载范围。本书将在第四章、第五章和第六章分别解决这些问题。

第四章 城市承载力对城市综合开发项目的影响评价指标体系的构建

本书在第三章里论述了城市综合开发项目受城市承载力影响的四个因素，分别是城市自然环境承载力对项目的影响、城市基础设施承载力对项目的影响、城市经济承载力对项目的影响和城市社会承载力对项目的影响。然而，要进行评价就必须构建四个因素所包括的各级指标，本章旨在构建出科学合理的城市承载力对城市综合开发项目影响评价的指标体系。

第一节 城市承载力对综合开发项目影响评价指标的构建原则与方法

指标体系的构建要满足科学性、准确性和全面性的要求，本节将主要对于城市承载力对城市综合开发项目影响评价指标的构建原则与方法进行论述。

一、城市承载力对综合开发项目影响评价指标的构建原则

城市承载力对开发项目影响评价指标要考虑到指标的系统性、客观性、典型性和可测量性，具体构建原则论述如下：

（一）系统性原则

系统性原则是指指标体系的完整性和结构性，力求系统中各要素的协调配置从而实现完整和平衡。城市综合开发项目受到城市综合承载力的影响和制约，城市自然环境、经济、社会等各个方面都对开发项目有一定的制约作用，因而在构建指标时要综合各个影响要素的集成作用，考虑到各个指标之间的有效协调和匹配。

（二）客观性原则

客观性原则就是要保持指标设计的真实性，即指标体系能够真实有效地测度客观对象。在这个原则的指引下要求所构建的指标能够真实地反映城市承载力对开发项目的影响，能够客观地对城市综合开发项目进行评价。

（三）典型性原则

系统性原则要求所构建的指标体系能够反映被评价对象的真实全貌。当一些关键指标缺失，那么对事物的评价则是片面的，不能全面地对事物做出评价。然而，由于评价指标浩瀚复杂，对一个事物的评价指标可能多达几十个甚至上百个，若不能够抓住主要矛盾，则会造成评价工作量巨大而效率不高。因而，在指标构建时要尽量选取典型性的指标，也就是说要选取对评价对象信息贡献度高的指标。这样才能够用尽量少的指标反映较多的信息，提高数据的效率，减少评价工作量。

（四）可测量性原则

指标所需的数据应该易于获取，计算方法要简便。有些指标也许能够很好地反映评价对象的特征，但是由于无法获得数据，而不得不从指标体系中剔除，这是服从指标体系的可测量性原则。

二、城市承载力对综合开发项目影响评价指标的构建方法

本书所构建的评价指标体系采用了理论推演法、文献分析法、专家评议法和问卷调查法。城市综合承载力对开发项目的影响评价指标构建的流程与方法如图 4-1 所示。

从图 4-1 我们可以看出，本书中城市综合承载力对开发项目影响评价的指标体系的构建分为 2 个阶段。首先，在对文献调查和实地调研的基础上，通过理论推演的方法，本书确定了初步的评价指标体系。文献调查的主要内容包括城市综合承载力的文献、城市大型建设项目和开发项目的案例，并有针对性地对天津市海河教育园、天津火车站等多个开发项目进行了调研，发现了项目评价中存在的问题，确定了初步的评价指标体系。其次，采取问卷调查对初步的指标体系进行修正和调整，答卷人主要来自于天津某政府性的投融资平台集团 C 集团。该集团公司由天津市委市政府于 2004 年直接批准成立，专司重大

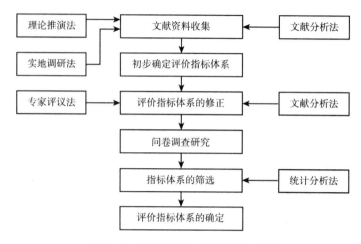

图 4 - 1　指标体系的构建方法和流程

城市基础设施的融资、投资、建设职责，目前注册资本为 677 亿元，资产规模接近 3500 亿元，位居天津市大型国有企业之首，形成了拥有 11 家全资子公司、1 家上市公司、2 家控股公司、3 家参股公司的集团公司架构。该公司成立以来，着力发挥政府的"融资平台、投资建设平台、城市综合开发平台"作用，代表政府建设开发了多项城市大型的城市综合开发项目。因而，C 集团公司的专家对于指标的修正具有较好的指导意义，能够提高指标体系的客观性和真实性。

第二节　城市承载力对城市综合开发项目影响评价指标体系初始集

城市承载力对城市综合开发项目影响评价指标体系的构建包括一级指标及其包括的二级和三级指标的构建。城市承载力对城市综合开发项目的影响评价的一级指标已经通过文献调研的方法构建完毕，以下将通过实证分析对一级指标构建的科学和合理性进行论证。在这个基础上，将通过规范研究方法和文献研究的方法构建二级和三级指标，从而构建完整的城市承载力对城市综合开发项目影响评价指标体系。

一、城市承载力对城市综合开发项目影响因素的确认：通过实证研究

本书通过对有关城市承载力的研究综述确定了影响城市综合开发项目成功度的四类因素，即城市自然环境、基础设施、经济和社会承载力对城市综合开发项目的影响和制约。然而，只从理论上去论证是不够的，还需要从实践来验证四类影响因素构建的科学性和准确性。由于影响因素实际上是第一级指标，它的构建的合理与否直接影响着一级指标所包括的二级和三级指标的准确性和科学性。因而，以下将从实证分析来论证一级指标的科学性。

通过实证分析方法来确认一级指标主要是通过研究城市综合开发项目中的问题来实现的。这种研究方法的思路如图4－2所示。

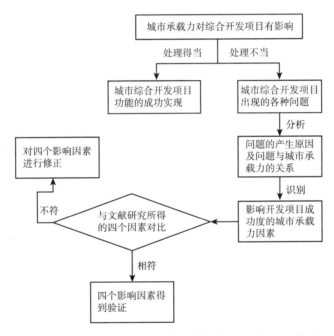

图4－2　城市综合开发项目受城市承载力影响因素的实证分析流程

从图4－2可知，若是忽视城市承载力对城市综合开发项目的影响，在项目的建设和运营过程中出现很多问题，本书从研究这些问题入手，分析问题产生的原因并通过深入分析问题是否与忽略开发项目与城市承载力之间的

关系有关，从而识别出影响开发项目成功度的城市承载力因素。将实证研究获得的影响因素集与文献研究获得影响因素集进行对比，以期望能够验证本书通过文献研究构建的影响因素，也就是城市综合开发项目受承载力影响的一级指标。

依据这个思路，本书通过大样本的文献案例调研、案例访谈对城市综合开发项目进行了实证分析，旨在发现城市综合开发项目存在的问题。城市综合开发项目较多，本书的案例研究范围界定为城市功能新区的开发建设项目，主要包括大学城、经济园区等城市功能新区的建设项目；交通、供水等城市大型的基础设施项目；城市的一些老城区改造三类项目。

案例研究通过文献调研和实地访谈两种方式来进行，文献调研是通过网络和学校的数据库对于三类项目进行了解和分析，调查了各种项目近百个。同时，本书对天津的典型项目进行了走访调研，对天津市火车站的后广场的改造项目、海河教育园、子牙循环产业园、天津南站进行了调研，对于参与项目开发建设评价的专家进行了访谈。通过对于城市综合开发项目案例的调研，发现这三类项目存在的问题主要集中在基础设施配套不足、建设资金不足、自然环境破坏、征地拆迁出现的一些社会问题，具体内容如表 4-1 所示。

表 4-1 三类城市综合开发项目出现的问题

项目	基础设施配套问题	建设资金问题	拆迁等一些社会问题	对自然环境的破坏问题
城市的功能新区开发建设项目	新区的基础设施和公共设施配套不足，影响新区功能的实现	新区的建设资金不足	大学城、经济园区的拆迁问题	—
城市大型的基础设施项目	—	城市大型基础设施的建设资金不足	—	大型的基础设施对城市自然环境造成的影响
老城区改造项目	老城区城市综合开发项目交通基础设施配套	城市更新过程中的建设资金来源	老城区改造过程中的征地拆迁问题	老城区改造过程中的文化传承问题

从表 4-1 所示，尽管三类项目出现问题的侧重点不同，但是基础设施配套不足、建设资金不足、征地拆迁问题突出以及项目自然环境和历史环境的破坏在开发项目的建设和运营过程中问题出现的频率比较高，在项目的策划和规

划时是重点考虑的因素。

　　通过实证分析，较好地论证了本书通过承载力理论的分析所确定的城市综合开发项目受城市承载力影响的 4 个因素，即城市自然环境承载力对项目的影响、城市基础设施承载力对开发项目的影响、城市经济承载力对开发项目的影响、城市社会承载力对开发项目的影响。图 4－3 是城市综合承载力对开发项目影响的评价模型的示意图。

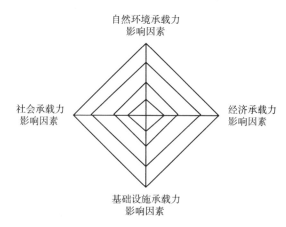

图 4－3　城市综合承载力对开发项目影响的评价模型维度

　　从图 4－3 可以看出，本书将从四个方面来构建城市综合承载力对于城市综合开发项目的影响评价指标。这四个方面分别是城市自然环境承载力对于城市综合开发项目的影响、城市基础设施承载力对于开发项目的影响、城市经济承载力对于开发项目的影响与城市社会承载力对于开发项目的影响。

二、评价指标体系初始集的构建

　　在二级评价指标体系的构建上，本书综合使用了规范研究、文献调研、专家评议的方法，通过这三种方法的应用，建立了评价指标体系初始集，最后通过调查问卷确定了评价指标体系。本节将详细论述评价指标体系初始集的构建过程，有关调查问卷及其相关统计分析将在本章第三节详细论述。

　　本节将依据一级指标确定的四个影响因素展开论述。

（一）城市综合开发项目受自然环境承载力影响的评价指标

自然环境对于城市综合开发项目的影响和制约可以从两个方面来分析，首先是自然资源承载力，包括水、土地等自然资源，其次是自然生态承载力，即城市综合开发项目对自然生态的影响是否超过了其承载能力。其评价指标如表4－2所示。

表4－2　　　　自然环境承载力对城市综合开发项目的影响评价指标

自然环境承载力	自然资源承载力	土地资源承载力
		水资源承载力
	自然生态承载力	是指城市综合开发项目是否会对项目所在区域的生态产生不可逆的影响

自然环境承载力包括自然资源和自然生态两个方面。由于城市综合开发项目主要资源为土地资源和水资源，因而主要探讨这两种自然资源对于城市综合开发项目的支持程度。自然生态是一个综合概念，包括水、空气、植被等综合指标。

（二）城市综合开发项目受城市基础设施承载力影响的评价指标

城市综合开发项目的正常建设和运营需要基础设施等一些相关配套的支持。若基础设施不配套，则会给开发项目带来交通不便、网络不通、购物消费不便等各方面的问题。本书对各个城市综合开发项目进行文献调研时，发现基础设施不配套是困扰城市综合开发项目的一个重大问题。例如陆家嘴金融城出现了出行难、吃饭难、休闲难的问题，给金融城居民带来诸多不便，不利于项目价值的提升。

有关基础设施的含义，本书采用《城市规划基本术语标准》中将基础设施分为工程性基础设施和社会性基础设施的定义[1]，有关详细论述见第二章第二节有关基础设施的定义。工程性基础设施分为六大体系，分别为"能源供应、给水排水、交通运输、邮电通信、环境保护、防灾安全"。依据这个分类，本书对于城市综合开发项目对城市承载力的需求也设置了六个指标，如表4－3所示。

---

① 建设部．城市规划编制办法实施细则，1995.

表 4 – 3　　　　工程性基础设施承载力对综合开发项目影响评价指标

指标名称	解　释
城市交通基础设施承载力对开发项目的影响	项目周边地铁、公路、公交线路、停车设施等是否能够满足项目的建设和运营
城市能源基础设施承载力对城市综合开发项目的影响	能源设施包括电力、暖气和煤气设施
城市防灾基础设施承载力对城市综合开发项目的影响	城市的防火、防洪、防地面沉降、防风、防雪、防地震以及人防备战等设施能否支持项目的运营
城市给排水基础设施承载力对城市综合开发项目的影响	城市现有的给水、排水以及污水处理设施能否支持项目的运营
城市环境保护基础设施承载力对城市综合开发项目的影响	项目周边的园林、绿化对项目能否支持项目的运营
城市邮电通讯基础设施承载力对城市综合开发项目的影响	项目周边的电信设施、电话设施等能否支持项目的运营

　　《城市规划基本术语标准》中所称的社会性基础设施通常被大家称为公共设施，也称为配套项目，本书对于社会性基础设施的定义采用 1990 年建设部颁布的《城市用地分类与规划建设用地标准》[①] 的概念，从规划和用地的角度对城市社会性基础设施的内容进行了划分，共分为八类，包括：第一，行政办公；第二，商业金融业；第三，文化娱乐；第四，体育；第五，医疗卫生；第六，教育科研；第七，文物古迹；第八，其他（宗教、社会福利等）。这个分类及其内容基本反映了我国在城市规划中所关注和涉及的方面，也是城市综合开发项目功能成功实现不可或缺的保障。

　　本书采用专家评议法对于八类社会性基础设施进行了筛选，选择标准即为——对城市综合开发项目有支持和配套作用的社会性基础设施入选。本书选取了天津理工大学具有博士学位的教师以及具有高级工程师职称的城市开发建设项目参与人员共 5 名，对于第一，行政办公；第二，商业金融业；第三，文化娱乐；第四，体育；第五，医疗卫生；第六，教育科研；第七，文物古迹；第八，其他（宗教、社会福利等）八类社会性基础设施对城市开发项目的重要程度进行评价，结果前六类社会性基础设施入选，分别为行政办公、商业金融、文化娱乐、体育、医疗卫生、教育科研，详细论述及相关解释如表 4 – 4

---

① 建设部. 城市规划编制办法实施细则，1995.

所示。

表4-4　　　社会性基础设施承载力对城市综合开发项目的影响评价指标

行政办公基础设施承载力对城市综合开发项目的影响	即项目周边的行政办公设施是否齐全，对于经济技术开发区的开发来说意义重大
商业金融基础设施承载力对城市综合开发项目的影响	即商业金融基础设施承载力能否支持项目的正常运营
文化娱乐基础设施承载力对城市综合开发项目的影响	即项目周边的文化娱乐设施能否支持项目的正常运营
体育基础设施承载力对城市综合开发项目的影响	即项目周边的体育设施能否支持项目的正常运营
医疗卫生设施承载力对城市综合开发项目的影响	即项目周边的医疗卫生设施能否支持项目的正常运营
教育科研设施承载力对城市综合开发项目的影响	即项目周边的教育科研设施能否支持项目的正常运营

（三）城市综合开发项目受经济承载力影响评价指标

城市综合开发项目需要城市的经济资源，城市综合开发项目的产品或者服务需要城市居民来消费。因而，城市经济承载力的高低对于城市综合开发项目的正常建设和运营意义重大。一般来说，城市综合开发项目的规模越大，需要城市经济承载力越强、城市的经济规模越大或者发展速度越快。本书通过文献研究从经济规模、经济发展速度和经济结构三个方面构建了评价指标，如表4-5所示。

表4-5　　　城市经济承载力对城市综合开发项目影响评价指标

指　标	解　释	文献来源
经济规模	城市经济规模的大小，包括 GDP 总量、人均 GDP 总量、财政收入总量、人均财政收入	Kurt R. Wetzel，徐勤政
经济发展速度	经济增长的快慢，可以用 GDP 增长率、人均收入增长率、财政收入增长率来进行衡量	
经济发展结构	即三次产业的比重，可以用第三产业占比、恩格尔系数来衡量	

资料来源：Kurt R. Wetzel, John F. Wetzel. Sizing the earth: recognition of economic carrying capacity. Ecological Economics, 1995, 12 (1): 13 - 21；徐勤政，彭珂，曹娜. 世界城市不是城市？——一问两答：兼论北京区域竞争力与城市经济承载力 [J]. 北京规划建设，2010 (6)：72 - 76.

1. 经济规模越大则城市经济承载力对项目的支持力越强

城市的经济规模与城市的 GDP 总量和人均 GDP 成正比，城市的 GDP 总量和人均 GDP 越大，城市经济承载力对项目的支持力越高。同时，由于大部分城市综合开发项目是具有公益性质的公共投资项目，靠政府财政收入投资。因而，地方政府的财政收入水平是评价城市经济承载力对项目支持程度的一个重要指标，财政收入水平越高，城市对于项目的经济承载力越高。

2. 经济发展速度越快则城市经济承载力对项目的支持力越强

城市经济承载力对项目的支持不仅与经济规模相关而且与经济的发展速度相关。对于一个经济发展速度较快的城市，城市经济承载力对项目的支持程度越高。

3. 经济结构越优化则城市经济承载力对项目的支持力越强

城市经济承载力对项目的支持程度与经济结构直接相关。经济结构越优化，三个产业配置越合理，城市经济承载力对项目的支持程度越高。

（四）城市综合开发项目受社会承载力影响评价指标

城市社会有其长期形成的文化和价值观、风俗和习惯、社会结构，在长时间的博弈过程中形成了相对稳定的社会关系。城市综合开发项目由于规模较大，社会影响比较深远，会对社会的文化、价值观、风俗习惯以及稳定的社会关系产生一定的影响。当城市综合开发项目对与社会的改变超过了其容忍程度时，就会发生一些社会事件，造成社会不稳定的现象，这就是社会承载力问题。本书在文献调研和案例调研的基础上，发现城市综合开发项目所引发的社会承载力问题都是由于多方利益主体在博弈过程中对于开发利益的分配不公所引起的，也就是城市综合开发项目对于社会结构关系的变革所产生的社会问题，因而本书对于社会承载力评价指标的构建是以社会关系和结构为基础的，不涉及城市综合开发项目对于社会文化、价值观和风俗习惯的影响等。这并不是说城市综合开发项目对于文化、价值观、风俗习惯等的影响不重要，而是本书由于篇幅和能力所限，只关注现阶段的城市综合开发项目出现的主要问题。

因而，城市社会承载力对开发项目的影响评价目的是在维持社会关系稳定的情况下，保障城市综合开发项目对利益主体关系的改变不超过其所能接受的阈值。本书从两个层面来构建其承载力影响评价指标，首先，开发项目的公益性，一般来说公益性越强的项目得到民众支持的程度越强，因而其受社会承载力支持程度越大。其次，是开发项目对于弱势群体的关注度。城市综合开发项目在生命周期过程中，都会对不同的利益群体产生影响。例如，在土地整理阶段，项目的征地和拆迁是政府、开发单位和动迁户之间的利益博弈的过程，在这个过程中要维护三者利益的平衡，尤其要关注弱势群体的利益是否得到满足。政府和开发商的利益没有得到满足，他们可以做的是放弃项目的开发，而民众的利益如果受损，则会采取比较极端的方式来进行维护。这时候就超过了社会对于项目的承载力水平。本书利用这种规范研究方法构建了城市社会承载力对开发项目影响评价的指标，如表 4 - 6 所示。

表 4 - 6　　　　　　　　城市社会承载力对开发项目的影响因素

名　　称	三级指标
项目的公共利益程度	项目在多大程度上具有公益性
	社会公众对项目的理解和支持程度
项目建设对弱势群体的影响	因项目而受损失的公众的数量
	公众损失利益的大小
	受损失公众的影响力大小
	受损失公众对补偿措施的满意程度

项目的公益化程度越高，城市综合开发项目的社会承载力越大；项目建设对弱势群体负面影响越小，城市综合开发项目的社会承载力越大。

第三节　城市承载力对城市综合开发项目影响评价指标体系的修正

本书通过文献检索并结合城市综合开发项目建设和运营过程中存在的问题构建了城市承载力对城市综合开发项目影响和制约因素的初始集，然而，如果直接将这个初始集用于实证分析去获得数据，进行项目受城市承载力的测度，不足以体现指标的信度和效度，容易让人质疑问卷设计的科学性。因此，本书进行了评价指标从初始集到其修正集的调查问卷。

一、问卷调查的程序

问卷调查的程序如图 4 - 4 所示。

本次问卷调研的目的即构建出城市承载力对城市综合开发项目影响的指标体系，为后续的实证研究做好基础工作。以下将对每个流程做具体解释和说明。

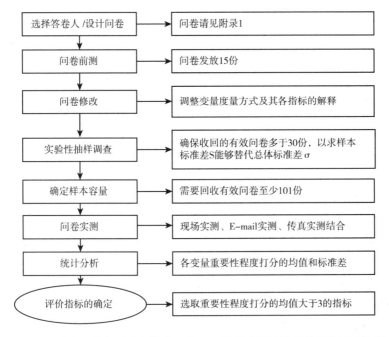

图 4-4 城市承载力对城市综合开发项目的影响评价指标的问卷调查流程

(一) 问卷设计

在文献调查和规范研究的基础上，构建了城市承载力对城市综合开发项目影响和制约因素的初始集，以初始集的指标为基础设计问卷调查，具体请见附录1。问卷采用的是结构化问题的形式，请被试根据自己的经验进行反应式判断，从而识别出被试普遍认为重要的指标和因素。

在确定问卷中所选用的指标和因素后，下一步就是要确定指标的度量方式与方法。由于答卷人对于各个指标的重要性的评判是依据自己的知识和经验所进行的，无法精确地进行度量，因而，本书采用"量表"来对问卷所选指标进行度量。本书采用了李克特量表（Likert Scale），即"5表示非常重要，4表示比较重要，3表示一般，2表示不太重要，1表示非常不重要"，为了检验问卷测度量表设计的可行性，本书进行了前测，发放问卷15份，结果显示，几乎所有的变量打分都在3~5之间。在这种情况下，本书对重要的区间进行细化，将量表度量方式调整为"5=极其重要，4=非常重要，3=比较重要，2=一般，1=不重要"。本书将依据答卷人对指标重要程度打分的均值来作为指标的确定标准。问卷从内容上来说包括以下几个部分：

1. 问卷说明

此部分说明问卷调查的目的和意义，对问卷所涉及的城市综合承载力等一些术语进行简要解释，并承诺对个人信息和企业信息的严格保密。

2. 答卷人背景信息

此部分是针对答卷人个人情况的一些问题，包括答卷人工作性质、工作时间以及对城市综合开发项目的参与情况。之所以设计这些问题，主要是对于答卷人的知识层次和工作经验进行分析，有利于提高问卷的可信度。

3. 城市综合开发项目成功度受城市综合承载力影响因素的重要性评价

针对前述的指标体系初始集，答卷人依据自己的经验对其重要性给出判断，在"极其重要、非常重要、比较重要、一般、不重要"之间进行选择，这是调查问卷的最为重要的一个部分，也是问卷调查的最终目的。

4. 指标的补充

为了防止问卷中遗漏一些关键因素，问卷特意设置了答卷人对指标进行补充的内容。答卷人可以将自己认为重要但是问卷没有列出的指标进行补充并对其进行解释，对其重要性进行评价。

（二）答卷人的选择

本书所构建的城市综合开发项目受城市承载力影响因素的初始集包括自然环境承载力、基础设施承载力、经济承载力和社会承载力，从归口管理部门来说，涉及城市规划部门、环境保护部门，以及政府及其建设开发的委托代建人。各个部门出于自身诉求点的不同，对于指标的重要性的评价是不一样的。例如，环境保护部门可能对城市综合开发项目受城市自然环境承载力指标给予很大的关注，而规划部门对这方面的考虑则会相比较来说较少。因而，在问卷发放的过程中，要避免由于答卷人专业关注点的不同而出现的对于指标重要性评价的"厚此薄彼"现象，而使问卷的客观性和科学性受到影响。因而，在问卷人的选择上，除了选择规划部门和环境保护部门的答卷人并对其问卷进行单独分类外，本书的答卷人的主体主要来自于作为政府委托代理人的 C 集团。C 集团作为政府的委托人对于城市综合开发项目进行全过程管理，能够更好地平衡指标各个维度的关系，能够站在政府利益的高度对城市综合开发项目受城市承载力影响的指标给出比较客观的评价。

（三）样本容量的确定

统计抽样是以样本的信息推断总体的信息，因而样本对总体是否具有代表性决定了推断目标是否实现以及实现的程度。通常情况下，为了获得较高的精度和可靠性的数据，样本容量越大，统计抽样误差越小，这样的话要求样本容量要尽可能的大。但是样本容量的增大伴随着抽样成本的增加，所以以两者之间存在既定成本下的最小误差，或者既定误差下的最小成本两个最优点。在统计分析中，要在保证一定的统计误差的情况下，使调查样本实现优化，也就是要确定适当的调查样本容量。

传统的样本容量的确定方法通常包括教条式方法（以经验性为主，例如认为样本容量应该为总体的5%）和约定式方法（认为约定俗成的样本容量应该为大于100），尽管这两种方法实施起来简单易行，但是却忽略了样本容量的受多方面的因素影响，而在不同的情况下所需要的样本容量的数量是不一样的。样本容量的影响因素通常包括以下几个方面：

（1）总体方差的大小（σ）。通常情况下，总体方差越大，说明数据的波动越大，越不稳定，这时候为了获得良好的信度和效度，需要的样本容量越大。

（2）允许的误差大小（h）。通常情况下，允许的误差越小，也就是对精度要求越高，则需要的样本容量越大。

（3）要求推断的置信程度（z）。要求推断的置信度越大，则需要的样本容量越大。

根据以上3个样本容量的主要影响因素，可以推断样本容量的数量。其样本容量的大小可以由公式（4.1）求出。

$$N = \frac{z^2 \sigma^2}{h^2} \tag{4.1}$$

在公式（4.1）中，N表示样本容量，z表示推断的置信程度，σ表示总体标准差，h表示允许的误差大小。以下分别说明在本次问卷调查中这三者是如何来确定的。

1. 总体标准差（σ）的确定

总体标准差是客观存在的，然而现实中进行计量是费时费力，无法获得其精确值。在本书的研究中，我们使用实验性抽样来获得σ的近似值。具体做

法即通过抽样调查得到样本的标准差 S，依据样本标准差和总体标准差的关系

公式可知 $\sigma = \sqrt{\dfrac{n-1}{n}S^2}$，在样本容量足够大的情况下（大于或等于 30 个），

$\dfrac{n-1}{n}$ 趋向于 1，这个时候，样本标准差 S 趋向于总体标准差 $\sigma(S \to \sigma)$。依据这

个原理，本书进行了一次预调研，回收了 32 份有效问卷，计算出样本标准差 S，然后用样本标准差代替总体标准差 σ。

2. 置信度 Z 的确定

关于置信度的确定，陈克明[1]认为在市场调研中，通常 Z 可以取值为 2，也就是置信水平为 95.45%。这个置信水平说明 95.45% 的数据会落在 $\pm 2\sigma$ 区域内，是一个可靠程度较高的估计水平。

3. 最大允许误差的确定

最大允许误差也叫极限误差。是指在一定的观测条件下，偶然误差的绝对值不应超过的限值。它是一个正负的临界值，误差超过这个临界值，那么事物的性质就会得到一定程度的改变。最大允许误差在测量测绘学和质量检验中是一个重要的概念，其取值也与测量的精度要求直接相关。这里要解决的问题是社会调查中测度量表的最大允许误差，本书借鉴杜亚灵[2]在量表测度中的取值，即 $h = 0.25$，即答卷人对某一变量重要性的不确定的区间为半个级别，在总体均值为 μ，样本均值为 $\overline{X}$，那么总体均值 μ 包含在 $\overline{X} \pm h$ 的范围内，即

满足 $\overline{X} - 0.25 \leqslant \mu \leqslant \overline{X} + 0.25$。

依据以上分析，本书对收回的 32 份有效问卷进行分析，利用这些问卷的数据计算出各个指标的样本标准差，发现"水资源承载力"的标准差之为最大，为 1.2537，因而可以用其代替总体标准差 σ。将数据带入公式（4.2），得出 N = 100.59。因此，本指标重要度的评价的问卷调查的样本容量必须达到 101。

（四）问卷的发放与回收

本书在 2011 年 11 月对调查问卷进行集中发放与回收，发放方式及其

---

① 陈克明，宁震霖. 市场调查中样本容量的确定 [J]. 中国统计，2005 (3)：16 – 17.

② 杜亚灵. 基于治理的公共项目管理绩效改善研究 [D]. 天津：天津大学博士学位论文，2008.

对象主要包括以下几种。首先，利用南开大学项目管理研究中心团队与 C 集团合作的课题"基于承载力与可持续发展的城市大型建设工程项目起始评价研究"的便利条件，在 C 集团内部进行问卷的发放与回收。在 C 集团内部发放并回收 50 份。其次，本人所就职的单位天津理工大学管理学院每年招生 70 人，这些学员大部分都是来自各个城市建设开发领域，本课题利用学员集中上课时间，对问卷进行集中发放，统一收回，共发放问卷 50 份，回收 50 份。最后，利用本人和导师的人脉网络关系，在规划部门、环保部门和建设开发部门进行问卷的发放，采用纸质、网络和传真相结合的方式发放，集中回收，共发放问卷 30 份，回收 25 份。通过三种途径共回收 125 份。随后，本书对问卷进行了初步的整理，剔除了填写不完全、答卷人没有参与过城市综合开发项目的，所有的题项都选择 5 分的问卷，最后剩余有效问卷共 113 份，有效问卷回收率 86%。答卷人的基本情况如表 4 - 7 所示。

表 4 - 7　　　　　　　　问卷调查答卷人基本情况一览

答卷人基本情况		频次（人次）	所占比例（%）
职业	建设项目决策和策划	24	21
	城市策划规划	24	21
	建设项目专业技术	23	21
	项目管理	30	27
	项目咨询	6	5
	其他	6	5
工作时间	≤3 年	15	13
	4 ~ 10 年	45	40
	11 ~ 15 年	32	28
	>15 年	21	19
从事城市综合开发项目数量	0 个	0	0
	1 ~ 3 个	48	42
	4 ~ 6 个	57	50
	7 个以上	8	8

答卷人基本情况		频次（人次）	所占比例（%）
参加城市综合开发项目类型	大学城	19	5
	经济技术开发区	60	19
	交通、给排水、能源等基础设施的建设与开发	132	41
	旧城改造	79	25
	其他	33	10

从以上数据我们可以看出，答卷人在职业性质、工作年限、工作经历等方面对于保持本调查的准确性和真实性是非常有利的。在职业性质上，95%的答卷人都从事与工程建设项目管理或专业技术相关的工作，为准确回答城市开发建设项目相关的问题提高了良好的基础；从工作年限上来说，87%的答卷人都具有4年以上的工作经验；从开发项目参与经历来说，由于对于从没有参与过城市综合开发项目的问卷视为无效问卷，因而所有的答卷人都具有城市综合开发项目工作经验。答卷人的选择对于指标评价的准确性有着重大的意义，是问卷效度的重要保证，本书答卷人的选择能够较好地满足这一要求。

二、数据统计及问卷分析结果

在对指标初始集的重要度进行评判后，以下将要对问卷调查所获得的数据进行整理，其关键问题是指标重要度的评判标准，以下将对指标的评判标准和指标删除的原因进行分析。

（一）指标的重要度评判标准

本次问卷调查的目的是为了对文献调研和规范研究所构建的承载力评价指标的初始集进行筛选，依据答卷人对于指标重要性的判断，通过大样本调查找出统计规律从而对于答卷人普遍认为重要的指标和因素予以肯定，而对于不重要的因素和指标予以删除，从而对初始指标进行修正。

本书采用SPSS16.0对问卷数据进行分析，主要使用的是描述性统计分析。在本部分的问卷数据分析过程中，本书主要关心两个方面的内容。其一，是指标或因素的均值（Mean），它是指所有观测值的平均值，在指标的入选标准的确定上，通常被测指标的均值 Mean >3，也就是答卷人普遍认为比较重要的指标或者因素才能够入选最后指标体系。其二，是各个指标或因素的标准差。各个被测指标的标准差要小于或等于当时确定样本容量的标准差，否则说明问卷数据比预想中的分散，原定样本容量不够。

（二）指标修正及其原因分析

依据这两个原则，本部分使用 SPSS 描述性分析对数据进行了分析处理，数据处理结果如表4－8所示。

表4－8　　　　　　　　　　指标重要度问卷调查数据结果

指　　标	样本数量	最小值	最大值	均值	标准差
土地资源	113	2	5	3.67	1.064
水资源	113	2	5	3.62	1.038
生态环境	113	2	5	4.10	1.110
交通	113	3	5	4.56	0.626
能源	113	1	5	4.12	0.998
防灾	113	1	5	3.07	1.108
给排水	113	1	5	4.04	0.849
环境保护	113	1	5	3.77	0.824
邮电通信	113	1	4	2.90	0.767
行政	113	1	5	2.97	0.860
商业	113	3	4	3.46	0.501
文化	113	3	5	3.88	0.563
体育	113	2	5	3.42	0.548
医疗	113	2	5	3.75	0.527
教育	113	3	5	3.86	0.754
经济规模	113	3	5	4.12	0.753
经济速度	113	3	5	4.01	0.491
经济结构	113	2	5	3.17	0.823
公益性	113	4	5	4.35	0.480
弱势群体	113	4	5	4.89	0.309
有效样本数	113				

资料来源：SPSS 数据分析结果。

从表 4 – 8 可以看出，评价指标的标准差数值都在本部分在确定样本容量时的标准差 S. D. = 1.2537，说明本书的数据分布比较集中，样本容量的确定规模是能够支持本部分的研究。依据评价指标均值大于 3 的指标入选标准，有两个指标没有满足，分别是"邮电通信 = 2.90""行政 = 2.97"。对于这些指标，作者并没有贸然删除，这是由于答卷人大部分是来自于政府或者公司，是项目评价或项目管理的操作者，由于多年的工作经验会形成一些思维定式，而在某些情况下这些操作的"思维定式"也不一定是科学合理的。作者带着这些问题请教了专家，咨询了专家意见，对于这几项指标打分较低的原因以及是否从指标体系中删除分别进行了分析。

1. 邮电基础设施承载力

邮电基础设施包括邮政、电报、电话、移动电话、互联网和广播电视等，邮电通讯基础设施是现代社会正常运转不可缺少的基本保障。对于城市综合开发项目来说，无论是城市新区的建设，还是旧城的改造项目，邮电通信基础设施都是不可或缺的。因而，从邮电通讯基础设施对项目成功度的重要性来说，其是不言而喻的。但是为什么在本次问卷中，邮电基础设施对于项目重要度打分中得分比较低呢，笔者咨询了城市建设方面的专家。这是由于邮电基础设施中的邮政、电话、互联网等属于准经营性的公共产品，在我国对于公共物品供给体制改革以来，邮电基础设施基本上实现了市场供给，公平地参与了市场竞争。由于市场竞争的激烈，各大邮电公司基本上做到了项目建到哪里，邮电网络铺设到哪里，给人的感受是城市综合开发项目不存在邮电基础设施承载力的制约，所以造成了邮电基础设施对于项目成功度不重要的错觉。基于以上的分析，为了保证指标体系的完整性，本书对于邮电基础设施承载力这个指标予以保留。

2. 行政办公基础设施承载力

行政办公基础设施是社会性基础设施的一个重要组成部分。它是指行政办公设施是否健全，行政办公效率的高低和效果的好坏。尽管对于特大型的开发项目，例如城市新区的建设、城市经济技术开发区的建设，行政办公基础设施对于项目的成功非常重要，但是对于一般的开发项目来说似乎意义不大。因而，这一个指标要进行区别对待，对于大型的城市新区、开发区的评价，有必要把这个指标纳入，并且对于这些项目的成功是非常重要的。本书在对天津市子牙循环经济产业园进行调研时就发现，园区为了招商引资，特意将政府部门引入园区办公，有效地促进了产业园区功能价值的提升。但是对于一般的城市综合开发项目，可以将此指标删除，本书的案例研究对象是大学城的开发建设项目，因而案例分析时将这一指标删除，但是为了保持整个指标体系的完整性和适用性，在整个指标体系中仍保留。

三、城市承载力对城市综合开发项目影响评级指标体系修正集

通过问卷调查分析，验证了本书通过文献调研和规范研究构建的城市承载力对城市综合开发项目影响的评价指标的初始集，这个指标体系由城市自然环境承载力、城市基础设施承载力、城市经济承载力和城市社会承载力对城市综合开发项目的影响和制约。这四个因素所构成的指标体系如表4－9所示。

表4－9 **城市承载力对城市综合开发项目影响评价指标体系**

一 级	二 级	三 级
城市自然环境承载力（U_1）	城市自然资源承载力（U_{11}）	城市水资源（U_{111}）
		城市土地资源（U_{112}）
	城市自然生态环境承载力（U_{12}）	—
城市基础设施承载力（U_2）	工程性基础设施（U_{21}）	城市交通基础设施承载力（U_{211}）
		城市能源基础设施承载力（U_{212}）
		城市防灾基础设施承载力（U_{213}）
		城市给排水基础设施承载力（U_{214}）
		城市环境保护基础设施承载（U_{215}）
		城市邮电通讯基础设施承载力（U_{216}）
	社会性基础设施（U_{22}）	行政办公基础设施承载力（U_{221}）
		商业金融基础设施承载力（U_{222}）
		文化娱乐基础设施承载力（U_{223}）
		体育基础设施承载力（U_{224}）
		医疗卫生设施承载力（U_{225}）
		教育科研设施承载力（U_{226}）
城市经济承载力（U_3）	经济规模（U_{31}）	—
	经济发展速度（U_{32}）	
	经济结构（U_{33}）	

续表

一　级	二　级	三　级
城 市 社 会 承 载 力（U_4）	项目公益性（U_{41}）	项目公益性程度（U_{411}）
		社会公众对项目的理解和支持程度（U_{412}）
	项目对弱势群体的关注（U_{42}）	因项目而受损失的公众的数量（U_{421}）
		公众损失利益的大小（U_{422}）
		受损失公众对补偿措施的满意程度（U_{423}）

　　由表4－9可见，城市承载力对城市综合开发项目的影响评价指标包括三个层次，4个一级指标，9个二级指标，19个三级指标。城市承载力对城市综合开发项目影响的指标体系为后续的评价奠定了基础。

　　总之，城市承载力对城市综合开发项目的影响评价指标是进行综合评价的前提和基础。指标体系构建的科学性和合理性直接决定了评价结果的真实性和有效性。因而，本书在构建指标体系时综合运用了文献调研、规范研究和案例调研以及问卷调查分析的方法。利用文献研究和案例研究相结合的方法构建了城市承载力对城市综合开发项目影响评价指标的初始集，并通过问卷调查法对初始集指标的重要性进行打分，从而完成了对于初始集的修正，从而确定了城市承载力对城市综合开发项目影响的评价指标体系。指标体系共包括城市自然环境、城市基础设施、城市经济和城市社会承载力四个维度，这四个维度对于项目的功能的实现有着重要的意义。城市承载力对城市综合开发项目的影响评价的指标体系的构建，为后续对城市综合开发项目承载力评价奠定了基础，有关承载力综合评价的方法将在下一章进行论述。

第五章 城市承载力对城市综合开发项目的影响评价方法

在上一章本书主要探讨了城市综合开发项目受城市综合承载力的影响的主要因素及其指标，本章则主要论述评价工作体系的工作程序及其工作方法。

第一节 城市承载力对城市综合开发项目影响评价的流程

综合评价通常要依据评价目标确定评价内容、评价方法和评价标准，依据所获得的数据进行评价，最后得出评价结果。

一、综合评价一般流程

一般来说，对事物的评价的流程首先依据评价目标来确定评价指标体系，通过适当的权重确定及其评价方法对收集到的数据进行分析整理，从而得出评价结论。具体评价流程，如图 5-1 所示。

评价目标通常是开展评价工作的首要内容，指导和制约着评价的工作。评价目标的确定尤其对于评价内容和指标的确定有着重要的意义，只有明确评价目标才能够构建合理的评价指标，否则整个评价工作就会偏离正确的方向。

在评价目标的指导下，运用一定的方法，确定评价内容和评价指标。评价内容和指标的确定一定要服从于评价主体的需要，能够实现评价目标的要求。评价指标是衡量和测度评价问题的基础，只有确定了评价指标，才能够进行数据的收集，才能够根据评价指标的特点来确定评价方法和评价标准。

评价方法是衡量和测度评价问题的工具或者手段，就是说"如何评价"，评价方法的选择要考虑其科学性和适用性，同时，也要考虑到它的现实可行性。评价标准是对评价信息进行判断的标准，以此为标准来得出评价结论。

在确定评价方法和评价标准后，需要收集相关数据并对数据进行处理，依据评价方法对数据进行分析和评价，从而得出评价结论。

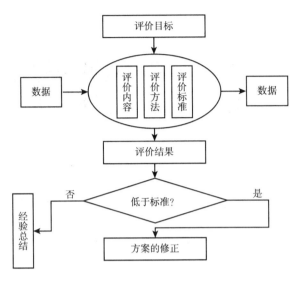

图 5 - 1　一般评价过程的流程

对评价结果进行分析，当评价结果低于评价标准，此时需要研究评价水平较低的原因，并且对于改善和提升路径进行研究和分析，对城市综合开发项目策划方案进行修改，甚至要对城市规划进行一定的修订，从而能够实现项目正常建设和运营。例如，当城市交通承载力不能够承载项目需求时，一方面可以降低项目规模以适应城市承载力的现状；另一方面也可以修改城市交通规划，提高交通承载水平，实现城市综合开发项目正常的功能。

二、城市承载力对城市综合开发项目影响的评价流程

城市综合开发项目受城市综合承载力的影响和制约，当我们对其的影响和制约因素及其制约程度进行评价时，需要遵循以下的评价路径和评价流程，主要解决指标、方法和数据等几个问题，具体如图 5 - 2 所示。

（一）评价目标

城市综合开发项目受到城市综合承载力的影响和制约，若忽视这些影响和制约因素会影响到项目的建设和运营，成为其功能实现的障碍。存在哪些主要的制约因素？其影响程度有多大？这是政府及其代理人在项目策划和决策阶段需要考虑的，也是实现城市综合开发项目成功的重要保障。

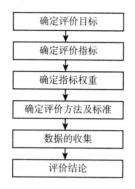

图 5 - 2　城市承载力对城市综合开发项目影响的评价流程

（二）评价指标

有关本次评价的指标体系，在第四章已经进行了详细的研究，最后指标体系共分为四个维度、三个层次。

（三）指标权重

由于指标体系中涉及的变量较多，对于不同性质的项目，指标的重要程度不同，因而在构建了城市承载力对城市综合开发项目影响指标之后，要确定一级和二级指标的权重。指标权重确定方法既有主观的，也有客观的。本书采用主客观相结合的层次分析法来确定指标的权重。

（四）评价方法

有关评价的方法很多，包括主成分法、模糊综合评价法、神经网络法等多种评价方法，而在综合评价时，要根据评价目标及其数据的特点进行选择。由于本书的指标体系复杂，涉及城市自然、基础设施、经济和社会等多方面因素，对于诸多因素的承载能力和水平缺乏一个精确的评价标准，因而城市综合开发项目受城市承载力的影响在一定程度上具有一定的模糊性，很难进行精确的计量，因而本书通过大量的专家测评对于城市承载力对开发项目的影响程度进行判断，使用模糊综合评价法来进行综合评价。

（五）收集评价数据

评价数据的收集和获得对于评价的科学性和准确性意义重大，是评价工作中一个非常重要的环节。数据获得可以包括一手数据和二手数据。二手数据主要是指一些政府组织或者学术机构发布的数据，例如统计年鉴等。一手数据需要研究者通过调查法、观察法、实验法、问卷调查法等对数据进行获取和整理。本书主要采用问卷调查法，通过相关部门的专家和管理人员对结构化问卷进行打分的方式来获得评价数据。

（六）评价结果及其分析

利用确定的评价方法和评价标准，对收集到的评价数据进行分析和处理，最后得出评价结论。当出现城市承载力不足以支持项目建设和运营的情况时，这时需要采取一定的措施进行修正，从而改变这种情况。若没有适当的措施或者经过修正后城市承载力还是不足以承载时，则需要中止项目。

本书在第四章研究了城市承载力对城市综合开发项目影响评价的内容，构建了指标体系，以下将对权重确定的方法、综合评价的方法以及数据收集的过程进行论述。

第二节　城市承载力对综合开发项目影响
评价指标权重确定方法

指标权重的大小表示各个指标在评价体系中的重要程度，权重确定的科学与否对于评价结果的影响是巨大的。指标权重的确定方法很多，主要包括主观赋权法和客观赋权法两种。主观赋权法是由专家根据主观判断而得到的，由于操作简单，因而得到广泛的应用，但是客观性较差。客观赋权法的原始数据是各指标的实际数据，它不依赖于人的主观判断，有变异系数法、主成分分析法、熵值法等。本书所研究的承载力是一个相对概念，并且城市综合承载力是动态的，承载力很难通过客观的数据来进行度量。因而本书使用层次分析法来确定指标的权重。

一、层次分析法对于本书的适用性分析

层次分析法（Analytic Hierarchy Process，AHP）是将有关的指标分解成目标、准则、方案等层次，是一种定性和定量分析相结合的指标确定方法。该方法是美国运筹学家匹茨堡大学教授萨蒂于 20 世纪 70 年代初提出的一种层次权重决策分析方法。本书之所以采用层次分析法确定指标权重，是基于以下

原因。

1. 适应了城市承载力对城市综合开发项目影响评价指标体系的特点

本书所要度量的城市综合开发项目受城市综合承载力的影响，由于指标涉及自然生态、基础设施、经济和社会等多个维度，且各维度下又有多个很难精确量化的指标，所以客观数据的获得是不可能实现的。层次分析方法可以对非定量事件做定量分析，并且能够对人的主观判断做出定量描述。该方法采用数学方法描述需要解决的问题，适用于多目标、多因素、多准则、难以全部量化的大型复杂系统，对目标（或因素）结构复杂并且缺乏必要数据的情况也比较适用。层次分析法尽管是一种主观赋权法，但是其通过两两比较的方法，并且通过主观评价的定量分析，具有较大的科学性。为了保证权重的准确与科学性，专家的选取是非常重要的。本书在进行案例分析时，选取了 5 位具有丰富城市开发建设经验的专家对指标进行两两比较，从而保证指标权重的科学性。

2. 本书为指标权重确定的科学性提供了必要的条件

本书是在南开大学与 C 集团合作的课题的基础上进行的，因而可以借用课题的便利充分了解城市开发策划专家的意见，因而有关指标权重的确定方法本书采用了层次分析法来进行。这种方法尽管存在主观性的缺点，但是由于所选专家都具有多年的城市开发策划的经验，为指标权重确定的科学性提供了保障。

二、城市承载力对综合开发项目影响评价指标权重的确定

本书利用层次分析法确定城市承载力对综合开发项目影响评价指标权重的过程应遵循以下程序：第一，确定各个指标之间的关系，建立层次结构模型；第二，对处于同一层次的各个指标，参照上一层次中的准则，按照指标的重要程度进行两两比较，构造判断矩阵；第三，各个指标的权重的计算，对指标权重开展一致性检验。以下将对利用层次分析法确定指标权重的具体过程展开详细论述。

1. 建立层次结构模型

建立层次结构，需要把指标或因素分解成若干层次。本书已经构建了城市承载力对城市综合开发项目影响的评价内容和指标，这就是我们需要建立的层次结构模型。其中城市承载力对城市综合开发项目影响为目标层，第二层的四个评价指标为准则层，第三层是测量第二层的关键指标，称为子准则层。在这

个层次结构模型的基础上，本书构造了判断矩阵。

2. 构造判断矩阵

层次结构模型建立的目的是便于对同一个层次的指标的重要程度进行两两比较，从而确定同一层次中各个指标的权重。假设当前层次上的因素为 x_1，x_2，…，x_n，相关的上一层次因素为 B，那么就可以依据因素 B 对因素 x_1，x_2，…，x_n 进行两两比较，可以得到数值 a_{ij}，其含义为 x_i 相对于 x_j 的重要性（a_{ij} 的含义如表 5 – 1 所示）。这样的话就可以构造 x_1，x_2，…，x_n 相对于上一层因素 B 的构造判断矩阵为：

$$A = \begin{bmatrix} a_{11} & a_{12} & \cdots & a_{1n} \\ a_{21} & a_{22} & \cdots & a_{2n} \\ \vdots & \vdots & \vdots & \vdots \\ a_{n1} & a_{n2} & \cdots & a_{nn} \end{bmatrix}$$

$$1 \leqslant i \leqslant n, 1 \leqslant j \leqslant n, a_{ij} > 0, a_{ij} = 1/a_{ij}$$

表 5 – 1　　　　　　　　　　判断矩阵 a_{ij} 取值标准

a_{ij}	具体含义
1	指标 x_i 与 x_j "同样" 重要
3	指标 x_i 比 x_j "稍微" 重要
5	指标 x_i 比 x_j "比较" 重要
7	指标 x_i 比 x_j "十分" 重要
9	指标 x_i 比 x_j "绝对" 重要
2, 4, 6, 8	上述两相邻判断矩阵的中值

资料来源：胡运权. 运筹学教程（第二版）［M］. 北京：清华大学出版社，437.

本书使用 yaahp5.0.2 软件来辅助计算，因而在实际操作过程中，只需要选取专家对相同层次的指标进行两两比较，判断矩阵以及下一个步骤的一致性检验都是由软件完成的。本书选取了 5 位专家，通过问卷的形式让专家对两个相应指标对于项目成功度的重要性作出判断，在指标 x_i 与 x_j "同样" "稍微" "比较" "十分" "绝对" 重要中作出独立的判断，问卷形式详见附录 2。

3. 一致性检验和指标权重的确定

一致性检验是为了保证在多阶判断的情景下保持各个判断之间的协调一

致，以免出现相互矛盾的结果。当判断矩阵不具有完全一致性时，相应判断矩阵的特征根会发生改变，因而理论上通常可以用判断矩阵特征根的变化来检验判断的一致性程度。因而，可以引入判断矩阵最大特征根以外的其余特征根的负平均值，作为衡量判断矩阵一致性的指标。计算判断矩阵的最大特征根和特征向量，从而来确定各指标的权重。本书运用 yaahp5.0.2 软件，有关判断的一致性以及最大特征根和特征向量的计算都是由软件来实现的。

第三节　城市承载力对综合开发项目影响综合评价方法

城市综合开发项目受城市承载力的影响指标体系维度较多，层次复杂，因而要想做出最终判断必须要选择适当的方法完成指标的综合评价。本书选择模糊评价方法对指标进行综合评价。

模糊综合评价（Fuzzy Comprehensive Evaluation，FCE）是借用模糊数学的概念，利用模糊数学中模糊关系合成的理论，从而能够将一些边界不清、不易定量的评价因素量化，从而对评判因素的隶属度等级进行综合评价的一种方法。

一、模糊综合评价法对于本书的适用性分析

本书之所以选择模糊综合评价法来进行综合评价，是出于以下的原因。

（一）适应了本书中指标不能够完全定量的现状

模糊数学主要是研究"认知不确定"的事情，也就是概念和其对立的概念无法划分明确的界限，例如，"高与矮""美与丑"这种"内涵明确，外延不明确"的概念。本书所研究的城市综合开发项目受城市综合承载力的影响，尽管"承载力"有一个阈值，超过这个阈值后，就会超载，就会造成问题或者危机。这看似一个"确定性"的概念，但是由于城市综合承载力的概念内涵已经超出了最早时的自然生态对人类生产和生活的承载能力的范畴，而是自然承载力、基础设施承载力、经济承载力和社会承载力等多方面因素的综合和集成。而这些因素在计量的过程中有的很难精确的划分明确的界限，例如，城市综合开发项目会引起社会结构和社会关系发生变革，但是很难判断在什么情况下会发生极端的社会问题，因而无法准确地判断是否超过社会承载力；有些因素很难有精确的判断标准，例如，经济承载力，城市的经济发展规模和发展

速度是否能够支持某大型城市综合开发项目，这个问题由于涉及的因素众多很难有一个客观的判断标准；有些指标是在不断地变化之中，很难通过一手或者二手的方式来获得客观数据。基于以上主客观原因，本书选择模糊综合评价法对城市综合开发项目受城市综合承载力的影响进行评价。

（二）模糊综合评价法能够解决多层次指标评价的复杂问题

一般来说，在考虑的因素较多时会带来两个问题：一方面，权重分配很难确定；另一方面，即使确定了权重分配，由于要满足归一性，每一因素分得的权重必然很小，都会"淹没"许多信息，有时甚至得不出任何结果。模糊综合评价可以通过分层的办法来解决这个问题，能够有效地解决本书所研究的多层次指标的信息丢失和淹没问题。

（三）本书为模糊综合评价的科学性提供了必要的条件

模糊综合评价法评价结果的科学性与否与评价者的数量及其对评价对象的了解程度密不可分。首先评价者的数量不能太少，同时，评价者对于评价对象要能够相当了解。本书利用与 C 集团合作横向课题的便利条件，能够邀请熟悉开发项目前期及其策划过程的专家对项目进行评价，从而能够保证评价的真实性和可靠性。基于此，本书在 C 集团内部发放了问卷 40 份，回收了 30 份，有效问卷 30 份。尽管从问卷的数量来说不是大样本的问卷调查，但是由于答卷人对于城市综合开发项目的状况十分熟悉和了解，从而能够保证数据的科学性。

二、模糊综合评价法进行综合评价的模型和步骤

尽管模糊综合评价法利用了模糊数学理论，但是此方法并不高深也不复杂，人们掌握起来非常容易。模糊综合评价一般可分为一级模糊评价和多级模糊综合评价。本书所研究的城市综合开发项目受城市综合承载力的影响评价包括三级评价指标，因而本书属于三级模糊综合判断。模糊综合评价法操作起来通常分为三个步骤，简单论述如下。

（一）确定评价因素集和评语集

确定因素集和评语集是模糊综合评价的第一步，以下将对这些内容进行具体分析。

1. 确定因素集

因素集是综合评价中评价因素所组成的集合。本书将依据构建的城市承载力对城市综合开发项目影响评价的指标体系构建因素集，本书构建的指标体系有三个层次，也就是说本书将构建三级因素集。

一级指标因素集为：$U = \{u_1, u_2, \cdots, u_m\}$

二级指标因素集为：$U_1 = \{u_{11}, u_{12}, \cdots, u_{1k}\}$

$$U_2 = \{u_{21}, u_{22}, \cdots, u_{2k}\}$$

$$\cdots$$

$$U_m = \{u_{m1}, u_{m2}, \cdots, u_{mk}\}$$

其中，m 表示一级指标层所包含的因素的数量；k 表示二级指标层所包含的因素，并且 k 的数量会随着实际指标层因素数量的变化而变化。

对于本书所包含的三级指标，也应该根据表 4 – 9 所构建的指标体系建立因素集。

2. 确定评语集

评语等级是用来评价各个因素的模糊概念，评语集是对评价对象可能做出的各种评价结果的集合。

$V = \{v_1, v_2, \cdots, v_n\}$ 为描述每一个因素所处状态的 n 种判断，即评价等级。n 为评价等级数，不同的学者对于评价等级数量的大小观点不一样，有的认为评价等级应该为 3 ~ 5 个[①]，有的学者认为 4 ~ 9 个[②]。无论怎么样，n 的取值要适中，n 过少不符合模糊综合评价的科学性要求，而 n 取值过大又容易超过人的理解和判断能力，不易于评价对象的等级归属。本书将城市承载力对城市综合开发项目影响因素的模糊评价评语集分为 5 个等级，分别是：很高，高，一般，低，很低。分别表示城市综合承载力对城市综合开发项目的支持能力"很高，高，一般，低，很低"。

（二）构造判断矩阵并确定权重

1. 构造判断矩阵

对因素集 U 中 u_i（$i = 1, 2, \cdots, m$）作单因素判断，判断 u_i 对评语集

---

① 杜栋等 . 现代综合评价方法与案例精选（第 2 版）［M］. 北京：清华大学出版社，2008：35.

② 刘宏伟 . 基于模糊综合评价的管理咨询企业顾客满意度研究［D］. 天津：天津大学博士学位论文，2009.

v_i（$i = 1, 2, \cdots, n$）的隶属度为 r_{ij}，这样就得出 u_i 的单因素评判集：

$$r_i = (r_{i1}, r_{i2}, \cdots, r_{im})$$

m 个单因素的评价集构造了一个判断矩阵 R，即每一个被评价对象确定了从 U 到 V 的模糊隶属关系。

$$R = \begin{bmatrix} r_{11} & r_{12} & \cdots & r_{1n} \\ r_{21} & r_{22} & \cdots & r_{2n} \\ \vdots & \vdots & \vdots & \vdots \\ r_{m1} & r_{m2} & \cdots & r_{mn} \end{bmatrix}$$

一般来说，主观和定性的指标都具有一定程度的模糊性，本书将采用等级比重法。用等级比重确定隶属矩阵的方法，能够满足模糊综合评判的要求。然而在利用等级比重法确定隶属度的时候，为了保证可靠性，要保证评价者的数量不能太少，这样才能够确保等级比重能够趋向隶属度；同时，要保证评价者是被评对象的专家，才能够做出符合实际的判断①。

这两个要求本书在问卷的发放过程中特别注意。本书通过课题合作的关系在 C 集团发放问卷，选择熟悉开发项目的专家对于城市承载力各个指标对开发项目的支持能力进行判断。

2. 指标权重集

在对因素进行评价时，评价因素集中的各个因素对评价目标的重要程度是不同的，因而各因素在综合评价中占有不同的比重。本书采用 AHP 法确定各个因素及其指标的权重，在上文已经论述，这里不再赘述。将 AHP 法求出的权重建立权重集，记为 A。各层次的权重为：

第一层次为 $A = (a_1, a_2, \cdots, a_m)$

第二层次为 $A_i = (a_{i1}, a_{i2}, \cdots, a_{ik})$　（$i = 1, 2, \cdots, m$）

同样也要依据看出第三层次权重集。

（三）进行模糊合成并进行评价

在求出模糊判断矩阵后，通过模糊变换，即 B = A * R（ * 为算子符号）求出模糊子集 $B = (b_1, b_2, \cdots, b_n)$。模糊变化的方法有很多种，最简单的是普

---

① 杜栋等. 现代综合评价方法与案例精选（第 2 版）[M]. 北京：清华大学出版社，2008：35.

通矩阵乘法，这种模糊合成模型让每个因素都对综合评价有所贡献，比较客观地反映了评价对象的全貌。

本书的评价指标体系包括多个层次，在模糊变化的时候要从低层次的开始，再进行高层次的模糊变化。

经过多级模糊综合评价后，得到了被评价对象对各等级模糊子集的隶属度模糊向量，最常用的对模糊向量进行分析的方法是最大隶属度原则方法。这时，只利用了 $B = (b_1, b_2, \cdots, b_n)$ 中的最大者，在因素突出的情况下比较适用这种方法。然而，这种方法对于 $B = (b_1, b_2, \cdots, b_n)$ 中模糊向量主因素不突出的情况下，会造成一定信息的损失，从而不能够真实的反映事物状况。在这样的情况下，可以设置不同等级的评价参数，将这些参数与 B 进行综合考虑，使得评判结果更具有科学性。假设相对于各等级 $V = \{v_1, v_2, \cdots, v_n\}$ 规定的参数列向量为 $C = (c_1, c_2, \cdots, c_n)^T$，则得出等级参数评判结果为：$B * C = P$。

P 为一个实数。它反映了由等级模糊子集 B 和等级参数向量 C 所带来的综合信息，是一个十分有效的综合参数。

通过模糊综合评价方法，能够对本书所构建的 4 个维度的多级评价指标体系进行综合评价，从而能够对城市自然环境、城市基础设施、城市经济与社会承载力对于城市综合开发项目的支持程度做出一个明确的结论。

本章对于城市承载力对城市综合开发项目影响的综合评价方法进行了分析。综合评价要解决两个问题，一是指标权重的确定，二是综合评价方法的选择。本书所研究的城市综合开发项目的承载力评价，具有评价标准不确定，比较模糊的特点。针对这种情况，本书采用层次分析法来确定指标的权重，采用模糊综合评价法对承载力进行综合评价。本书之所以选择模糊综合评价方法是基于三个原因。首先，模糊综合评价法较好地适应了本书中评价标准模糊、部分数据不能够定量的特点；其次，模糊综合评价法能够有效地解决多层次指标在进行综合评价时信息丢失问题。最后，本书利用与 C 集团课题合作的便利，能够获得较高效度的数据信息，这些数据为模糊综合评价法的有效性提供了切实的保障。评价指标和评价方法的建立，为本书在第七章对 H 项目进行案例分析奠定了基础。

第六章 城市综合开发项目承载能力的提升方法

本书在第四章和第五章分别论述了城市承载力对城市综合开发项目影响的评价指标与评价方法，可以依据这个评价指标与方法对城市综合开发项目受城市承载力的影响因素及其影响程度进行评价。当城市承载力不足以支持项目的建设和运营的情况时，就需要分析其具体原因，采取措施对承载力不足的状况进行弥补，在不能弥补的情况下就需要缩小项目的规模以适应城市承载力的现状，在某些情况下还可能终止项目。以下将对城市承载力不足的情况下的提升方法进行具体分析和研究。

第一节 城市综合开发项目承载能力提升的基本原理

城市综合开发项目对于城市自然环境、基础设施、经济和社会系统提出了一定的需求，若这些系统能够满足这个需求，则城市综合承载力能够支持项目的建设和运营；否则，则需要提高城市综合开发项目的承载能力。承载能力的提高需要从承载力的作用机理来论述。

一、承载力提升的基础：承压系统与压力

从承载力的基本原理来看，承载力的分析和评价离不开承压系统、压力两个基本的指标。

压力原意是指人的"索取"行为，是指人的生产和生活对于城市环境所产生的负面影响。在城市承载力对开发项目影响评价中，压力是城市综合开发项目，是指城市综合开发项目对于城市系统所产生的需求。

承压系统是指城市系统对于外来压力的支持和荷载能力。原意是指城市自然系统对于人类活动强度和规模的承载阈值。在本书的研究中，其承压力是指城市自然环境、基础设施、城市经济和社会对于城市综合开发项目的承载

能力。

因而，是否在承载力范围内，不仅取决于承压系统的承载力，也取决于压力源所产生的压力的大小。也就是说，承载力的提升可以通过降低压力和提升承压系统的承载力两个途径去实现。

二、城市综合开发项目承载能力提升的机理

城市综合开发项目的建设和运营对于城市自然系统、基础设施系统、经济系统和社会系统有一定的需求，也就是产生一定的压力。这个压力可能是城市系统承受不了的，也就是说城市系统不足以支持项目的正常建设和运营。为了改善这种状况就需要进行承载力的提升，提升途径可从压力源和承压系统两条途径来分析，详细分析如图 6-1 所示。

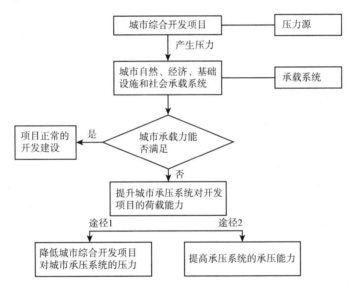

图 6-1 城市承载系统提升的基本原理

从图 6-1 我们可以看出，城市综合开发项目作为一个压力源对于城市的自然环境、基础设施、经济和社会产生了一定的压力，这个压力作用于城市承载系统，即城市的自然资源、经济、城市基础设施和社会承载力系统。当城市的承载系统不足以承载城市综合开发项目所带来的压力时，就需要对这种状况进行改善。改善有两条途径，一是提升承压系统的承压能力，也就是要提高城市的自然环境、基础设施、经济和社会的综合承压系统的承压能力；二是降低

城市综合开发项目对城市承压系统的压力，例如，缩小项目规模，以减轻对经济承载力的压力；降低项目的容积率，以减轻对于自然生态的压力等。

两种承载力的提升途径是不同的，两种途径的对比如表6-1所示。

表6-1   两种承载力提升途径对比

途　径	原　理	特　点
途径1：降低开发项目压力	降低城市综合开发项目对城市系统的压力，从而使项目不超过城市承载力的极限值	城市综合开发项目只能被动的适应现有城市系统的承压能力，而不能对其进行改变
途径2：提升承压能力	提升城市系统的承压能力，也就是提升城市承压的极限值	城市综合开发项目可以通过积极的改变城市承压系统来提高承载能力

从表6-1我们可以看出，城市承载系统对开发项目承载能力的提升途径既可以通过降低开发项目压力，也可以通过提升客观系统的承压能力来实现。然而两种承载力提升途径不同的是，途径1：降低开发项目压力是被动的适应现有的城市承载力系统，依据现有的承载力系统的承压能力来决定城市开发建设项目的规模和建设方案；途径2：提升承压能力则是主动的改变城市承压系统。然而并不是所有承载力因素不足的情况都可以采用这种方式来进行提升的。

城市综合开发项目的正常建设和运营对城市的自然环境、基础设施、经济和社会承载力提出了一定的要求，也就是说城市综合开发项目作为压力源作用于当前城市的承压系统，因而，若要提升城市承载力对于城市综合开发项目的荷载能力，通常通过两种途径来实现，或者提高承压能力，或者降低压力。然而并不是自然环境、基础设施、经济和社会四个承载力因素都可以通过两个途径来提升承载水平，要依据不同的承载力因素进行具体分析，有些承载力因素的不足可以通过改变城市承压能力来改变；而有些承载力因素的不足则必须改变开发项目对于承载系统的压力，以下将对四类城市承载力不足的提升途径进行分析。

第二节　城市综合开发项目承载力具体提升途径

当城市承载力不足以支持项目的建设和运营时，其承载力提升途径是不同的，以下分别进行论述。

一、城市自然环境承载力不足的提升途径

城市自然环境承载力包括城市自然资源和自然生态。当城市综合开发项目对于自然资源和自然生态系统的压力超过了城市自然环境承载力的阈值时，由于自然生态和自然资源承载力的客观性，这时候只能减轻城市综合开发项目对于承压系统的压力。例如，当城市的土地资源承载力不足以支持项目的功能的实现时，就需要缩小项目的建设规模，或者另外选址进行建设。对于某些水资源承载力不足以支持的项目，则需要另行选址，否则项目的功能完全无法实现。城市自然环境承载力不足的提升途径，如图 6 - 2 所示。

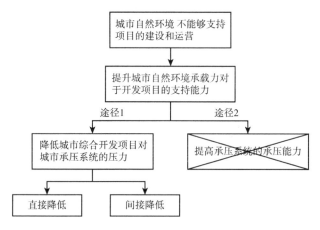

图 6 - 2　城市自然环境承载力不足的提升途径

从图 6 - 2 可以看出，当自然环境承载力不足时，自然资源和自然生态都是人为难以改变的，因而在短期内不可能提高自然环境系统的承压能力。只能降低城市综合开发项目对城市自然环境系统的压力，可以通过直接方式和间接方式两种。

（1）直接降低方式。直接降低方式就是直接降低城市综合开发项目的规模，减少城市综合开发项目的范围，从而减少城市综合开发项目对城市自然环境承载力的压力。例如，由于城市综合开发项目开发强度较大，对自然生态产生了不可逆的影响，严重影响综合开发项目区域内的生态承载力。在这样的情况下，降低项目的容积率和开发强度，从而降低其对城市自然环境系统产生的压力，这属于直接降低方式。

（2）间接降低方式。间接降低方式不是直接通过降低项目规模等改变项目的性质来降低城市综合开发项目对于自然承压系统的压力，而是通过其他一些设施的建设从而减少这种压力的大小。例如，城市综合开发项目的污水排放对城市自然生态产生了恶劣的影响，超过了城市自然生态承载力，间接降低方式不是通过降低项目规模来减少污水排放，而是通过建立污水处理设施从而减少对于环境的压力，这就是我们所说的间接降低方式。

二、城市基础设施承载力不足的提升途径

城市综合开发项目的正常运营需要城市基础设施的支持，当城市基础设施承载力不足时，项目的功能会受到很大的影响和制约。因而，在承载力评价中，当城市基础设施承载力不足时，可以采取降低压力和提高承压能力两种途径来实现承载能力的提升，如表6－2所示。

表6－2　　　　　　　　城市基础设施承载力不足的提升途径

途　径	内　容	特　点	案　例
降低压力	降低城市综合开发项目对于城市基础设施承载力的需求	消极地适应现有城市基础设施的承压能力	缩小项目规模从而降低对于城市交通能力的需求
提高承压能力	自建某些基础设施，以弥补项目周边的基础设施的承压能力不足	积极地改变城市基础设施的承压能力	通过建设给排水泵站来增加给排水设施对于城市综合开发项目的支持能力

从表6－2我们可以看出，与城市自然环境承载力提升的途径不同，当城市自然环境承载力不足时，只能采取降低压力的方式来实现平衡；而城市基础设施承载力不足可以采取降低压力或者提高承压能力两种途径来实现。也就是说，城市基础设施承载力可以通过城市开发项目自建来进行改善，弥补城市承载力的不足，完善城市综合开发项目功能。例如，当交通基础设施不足时，一般的情况下是通过城市综合开发项目自建来进行弥补，当由于主客观条件弥补不了时，还需要缩小项目的规模，以适应城市交通承载力的现状。

三、城市经济承载力不足的提升途径

当城市经济承载力不足，会给项目的建设资金带来巨大的压力，同时，经济承载力不足，不足以形成充分的市场，会给项目的运营带来巨大的问题，造

成城市承载力的过剩。城市经济承载力不足时，需要缩小项目规模，甚至取消项目。例如，本书在前面所举阜阳机场的建设。机场的建设无论是在建设资金还是项目市场运营上都超过了当地的经济承载力的阈值，当地政府无视城市经济承载力的不足，没有及时取消项目，造成财政的沉重负担；同时，由于城市经济承载力不足以支持项目的运营，造成项目运营不到一年就被迫停止。

城市的经济承载力在短期来说是客观的、不容易改变的。因而，想通过改变城市的经济系统的承压能力来支持项目的建设和运营的状况是不现实的。在这种情况下，应该对城市综合开发项目的建设和运营是否超过城市的经济承载力阈值做出客观的评价，缩小项目规模甚至取消项目。其具体途径如图 6－3 所示。

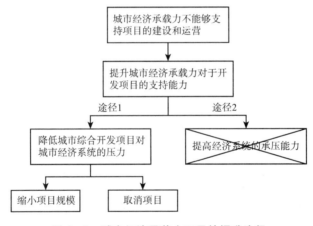

图 6－3　城市经济承载力不足的提升途径

从图 6－3 我们可以看出，提升城市经济承压系统对于开发项目的承载能力虽然有两个途径，但是途径 2 是走不通的，只能实事求是的降低开发项目对于城市经济系统的压力，若想当然地认为城市经济系统的承载能力可以提高，则会给城市综合开发项目的建设和运营带来诸多问题。城市的诸多烂尾楼项目，或是虽然建成但是给财政造成沉重的负担的项目，更甚者是耗资巨大却没有使用价值的项目，都是忽略了经济承载力而造成的。

四、社会承载力不足的提升途径

城市综合开发项目在对城市的物质空间进行改造的同时，对城市的不同的社会利益关系、社会文化等也产生了深刻的影响。城市综合开发项目涉及的利益主体很多，有城市政府、开发商、非自愿移民、项目客户和用户等。诸多利益主体在城市更新过程中由于各自的利益目标不同，相互之间很容易产生矛盾。当他们在某些利益上不能取得协调的时候，或在外来因素的干扰下不能进行自我调节的时候，当地社会结构就处于不稳定状态。这也是城市社会承载能力的失控的表现。

因此，在项目决策评价阶段，就需要对项目的社会承载能力进行度量，即使项目经济是可行的，城市的经济和环境是可以承载的，当项目对社会关系的影响超过了社会承载能力阈值时，就需要修改项目方案，当方案的修订也不能够扭转社会承载能力失控现象，项目就需要终止。所以在社会承载力出现问题时，其提升途径只能通过对项目方案进行修改，以减轻项目对于社会关系和结构的负面影响，详细分析如图6-4所示。

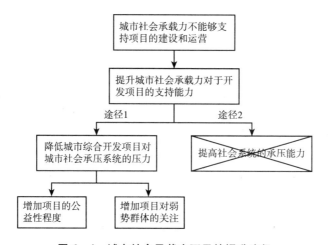

图6-4 城市社会承载力不足的提升途径

从图6-4我们可以看出，城市社会承载力不足的现象要通过降低城市综合开发项目对城市社会系统的压力来实现，也就是说要减少城市综合开发项目对于社会关系的负面影响。城市综合开发项目的社会承载力的大小与项目的公益性以及项目对于弱势群体的关注度密切相关。当城市综合开发项目社会承载力不足时，可以更加关注弱势群体，增加对于弱势群体的补偿来提升社会承载力水平。

本书将城市自然环境承载力、经济承载力、基础设施承载力和社会承载力这四个因素分为两类。一类是当承载力不足时，可以通过提高系统的承压能力来改善，这主要适用于基础设施承载力不足的情况；第二类是当承载力不足时，只能降低城市综合开发项目所产生压力的大小，降低项目规模，修改项目方案，或者终止项目。当开发项目超过了自然环境承载力、经济承载力和社会承载力的阈值时，由于短期内提高承载力水平是不现实的，只能修改项目方案以适应当前的承载力水平。之所以区分这两个类型，是因为项目对于承载能力不足的弥补能力是不同的，对于基础设施承载力不足，项目可以增加项目建设内容而加以弥补；而当城市综合开发项目超过了自然环境、经济和社会承载力阈值时，项目不能够进行控制和弥补，因而只能选择修改项目方案或者终止项目，以适应城市承载力的现状。两类提升途径及其适用范围如表 6 - 3 所示。

表 6 - 3　　　　　　　　　　　两类提升途径适用范围

途　径	城市自然环境 承载力不足	城市基础设施 承载力不足	城市经济承 载力不足	城市社会承 载力不足
降低压力	√	√	√	√
提高承压能力		√		

从表 6 - 3 可以看出，提高承压能力只是在城市基础设施承载力不足的情况下才能够使用，也就是说城市综合开发项目可以通过自建基础设施来弥补城市基础设施承载力的不足。然而，城市综合开发项目自建基础设施就会扩大项目的规模，增加项目的投资，这时候城市综合开发项目的范围扩大，包括土地整理、工程性基础设施和社会性基础设施等多个项目群，成为一个包括多个项目群的项目组合，这些项目群相互配合共同实现城市综合开发项目的功能。只有处理好这些项目群之间的配置关系才能够更好地实现项目的功能，第三节将对城市基础设施承载力提升途径进行详细分析。

第三节　城市基础设施承载能力提升途径分析

城市基础设施承载力不足以支持项目的建设和运营时，可以通过积极的改变城市的基础设施的规模和数量，增加项目的建设范围来达到提升城市基础设施承载力的目的。由于增加了基础设施的建设，城市综合开发项目的建设范围就会增加，项目要增加工程性基础设施配套和社会性基础设施配套，要增加土地整理项目，甚至在某些项目中为了整个项目的融资需求，会加入房地产等一些纯经营性项目，构成了一个涉及多个项目群的项目组合。

一、城市综合开发项目的项目群构成

一般来说，大型的城市综合开发项目通常包括土地整理、工程性基础设施、社会性基础设施和纯经营性项目的建设，如图 6-5 所示。

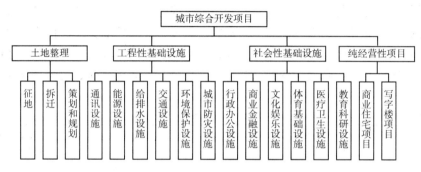

图 6-5　城市综合开发项目群构成

从图 6-5 可以看出，城市综合开发项目一般包括土地整理、工程性基础设施、社会性基础设施和纯经营性项目四类。当然，不是所有的城市综合开发项目都包括这四类项目群的建设，城市综合开发项目要依据自身的功能目标及其城市基础设施承载力对其的支持程度来对项目群进行选择。这四类项目要进行集成配置，才能够实现城市综合开发项目的整体功能。

（1）土地整理项目（群）。土地整理项目（群）包括征地、拆迁以及测绘、规划等具体项目，它是城市建设大型工程项目的基础工作。土地整理项目（群）可以提供成熟的土地，在此基础上，城市工程性基础设施、社会性基础设施和纯经营性项目才得以建设，因而土地整理项目是城市综合开发项目功能实现的起点。在财政资金不足的情况下，土地整理项目可以通过出售或者转让土地而为整个项目筹集一定的资金。土地整理要在规模上能够承载基础设施和经营性项目建设的需要，同时，对于基础设施项目的建设资金需要土地出让收益进行筹集的城市综合开发项目，土地整理的规模、用地的性质都必须考虑项目还本付息的需要。

（2）工程性基础设施项目（群）。交通、能源、给排水、防灾、环境保护和通讯六类工程性基础设施项目的建设是相互影响，相互制约的，共同构成工程性基础设施项目群。基础设施在建设的过程中要管理好交通、能源等六类项目之间的配置关系，只有通过综合集成才能够实现基础设施项目群的总体功能。

（3）社会性基础设施项目（群）。社会性基础设施包括行政办公、商业金融、文化娱乐、体育、医疗卫生、教育科技六类。城市综合开发项目功能的实现离不开这六类基础设施的支持。当城市社会性基础设施承载力不足时，项目就需要自己建设这些配套设施。社会性基础设施的类型和建设规模要依据城市综合开发项目的功能来设置，只有做到与城市综合开发项目功能的综合配置才能够实现城市综合开发项目功能的完善。例如，某城市保障性住房小区的商业金融、文化娱乐等社会性基础设施配套要与小区的规划人口数量相适应，只有这样才能够实现保障性住房小区的功能。

（4）纯经营性项目（群）。纯经营性项目是以盈利为目的的项目，包括住宅房地产开发项目、写字楼项目等。纯经营性项目本身也是项目功能实现的一个部分，同时纯经营项目也可以补偿基础设施项目的资金投入，为城市综合开发项目的基础设施项目群融资。例如，本书在研究某大学城建设开发项目，发现大学城为房地产项目预留了部分经营性用地，用经营性土地的出让收入来补偿基础设施项目的资金投入。因此，纯经营性项目不仅对于城市综合开发项目功能的实现有重要意义，对于城市综合开发项目资金的融通作用也很大。

二、城市综合开发项目四类项目的综合配置和集成

城市综合开发项目中四类项目之间存在着相互联系、相互制约的集成关系，城市综合开发项目的功能需要四类项目之间的综合配置和集成才能够实现。以下分别从项目的功能需求逻辑和项目的增值逻辑对城市综合开发项目四类项目的配置关系进行分析。

（一）城市综合开发项目四类项目功能配置逻辑关系

城市综合开发项目的四类项目群是相互影响相互制约的，这四类项目只有进行良好的配置和集成，才能够更好地实现城市综合开发项目的功能。这四类项目之间配置的逻辑关系如图 6-6 所示。

如图 6-6 所示，城市综合开发项目的核心功能需要相关的城市基础设施进行配套，也就是说城市的工程性和社会性基础设施要能够满足核心功能的需求。例如，城市保障房的核心功能是城市低收入人群的居住功能，核心功能的

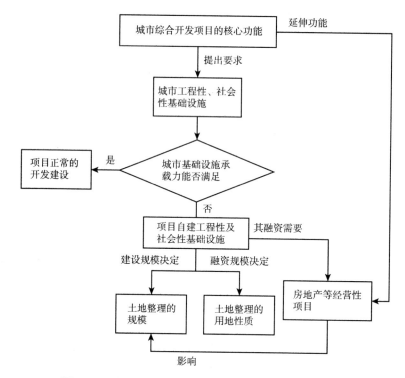

图 6-6 城市综合开发项目四类项目群之间的逻辑关系

实现需要城市工程性基础设施和社会性基础设施进行配套。若保障房项目交通不便、看病就医困难、孩子不能就近上学，则表明项目的基础设施配套不足，这也会影响项目整体功能的实现。这种情况下，城市综合开发项目要自建部分或者全部基础设施，土地整理的规模要扩大。因而，基础设施的建设规模决定了土地整理的规模。同时，由于基础设施建设需要大量资金，仅靠财政投资不足以解决项目工程性和社会性基础设施配套不足的问题。因而，近年来城市综合开发项目策划时经常将房地产等纯经营性项目纳入项目的建设范围。房地产等纯经营性项目不仅是城市综合开发项目延伸功能的一个部分（例如城市轨道交通项目也会给房地产项目预留土地），也为城市综合开发项目融资开辟了新的途径。

从以上论述可见，城市综合开发项目自身功能的实现是依靠土地整理、工程性基础设施、社会性基础设施和经营性项目的综合配置和集成管理而实现的。这些项目（群）若存在承载能力不匹配的情况，则会导致整个项目功能的缺失或者不足，将会妨碍城市综合开发项目整体功能的实现。为了更好地显示城市综合开发项目四类项目群之间的承载关系，本书构建了城市综合开发项目中四类项目（群）金字塔式的承载模型，如图 6 - 7 所示。

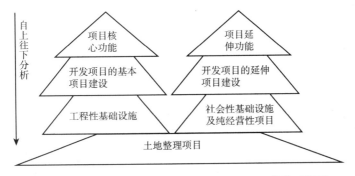

图 6 - 7　城市综合开发项目四类项目（群）承载关系模型

从图 6 - 7 可以看出，城市综合开发项目在对四类项目（群）逻辑结构进行分析时，要遵循自上而下的逻辑顺序。也就是说，分析的起点应该是城市综合开发项目的核心功能。城市综合开发项目的核心功能是城市综合开发项目最基本的功能，例如城市保障房项目的核心功能就是满足城市低收入群体的居住需求。项目的核心功能决定了开发项目的基本项目建设，例如在保障房案例中，其基本项目建设即为保障房小区的建设。保障房小区需要交通、给排水、通讯等工程性基础设施进行配套，当小区周边的工程性基础设施承载力不足以支持时，项目就要自建全部或者部分工程性基础设施。同时，保障房小区居民不仅在小区内居住，还要购物、上学、看病、娱乐等，这属于项目的延伸功能。这些延伸功能对城市的社会性基础设施提出了要求，小区周边的文化娱乐、商业金融、体育等基础设施承载力若不能支持项目的正常运行，则保障房开发项目就需要建设全部或部分社会性基础设施。同样，部分延伸功能也可能是由纯经营性项目来承载的，例如上海虹桥交通枢纽工程就有大量的纯经营性商业项目，这就是交通枢纽的延伸功能。最后，所有一切的建设项目都需要土地整理的支持，开发项目的总体建设规模（包括工程性、社会性基础设施和纯经营性项目）决定了土地整理的规模。

从以上分析我们可以看出，城市综合开发项目四类项目群之间的综合配置关系要从项目的功能需求和城市基础设施是否能够支持这种需求两个角度来进行。当开发项目有这项功能需求（不管是核心功能还是延伸功能），且城市基础设施承载力不能够满足时，城市综合开发项目就需要自建，项目的建设范围增大，建设资金增加。为解决建设资金的不足，通常会通过增加纯经营性项目以为基础设施的建设获得部分融资。城市综合开发项目核心功能项目群、基础设施项目群以及纯经营性项目共同来决定土地整理的规模和规划用地性质。

（二）城市综合开发项目价值增值关系

城市综合开发项目通过对四类项目的综合配置实现价值的提升，以下对其增值关系进行论述。

1. 土地整理对城市综合开发项目的价值增值作用

土地整理是最基础的工作，在土地整理的基础上，才能够进行交通、给排水、电力、邮电通讯等基础设施项目；当基础设施配套完备的情况下，才能够承载体育、医院、教育文化等社会性基础设施；而在社会性基础设施配套完善的前提并且运行良好的情况下，项目区位的聚集优势体现出来，纯经营性项目才能够获得市场，获得增值，体现出较高的市场价值。土地整理是基础设施建设的物质基础，基础设施在对土地整理的基础上实现了区位配套功能的建立和完善，区位价值增值。因此，从这个价值链来说，土地整理是基础设施项目群的上游项目，基础设施项目群需要从土地整理项目中获得资源输入。

2. 基础设施项目群对城市综合开发项目的价值增值作用

基础设施项目为开发项目提供了配套设施，便利的交通、方便快捷的通讯等工程性基础设施，文化娱乐、科研教育等社会性基础设施是项目正常运营的保障。若基础设施不配套，城市综合开发项目功能会大打折扣。例如，若交通不能够支持大学城的正常运行，则会给项目功能效益的发挥带来重大影响。又如，城市中心的商业中心建设大型工程项目若不处理好停车问题，则会影响商业中心的人气聚集。因此，若不能正确处理基础设施项目群开发项目的支持和承载关系，开发项目的价值增值链也会断裂。

3. 经营性项目对城市综合开发项目的价值增值作用

城市综合开发项目一般都是具有一定的公益性的公共投资项目，例如大学城、城市轨道开发建设项目、城市文化中心项目、城市景观绿化项目等，这些项目的建设和运营将带来巨大的价值溢出和聚集效应。这些效应成为吸引经营性项目的源泉。当然，经营性项目的加入也能够提升城市综合开发项目的自身的价值，例如大学城周边设置住宅房地产项目，能够有效地解决教师的职住不平衡问题，提升大学城的人气，使项目价值增值。

　　从以上分析我们可以看出，土地整理、基础设施建设、经营性项目都是城市综合开发项目价值不可缺少的重要环节，因而，要对这四类项目进行良好的配置和集成管理，才能够更好地实现城市综合开发项目的功能，体现其开发价值。

　　总之，城市综合开发项目正常建设和运营需要城市承载力的支持，当出现城市承载力不足以支持项目的建设和运营的情况时，就需要对其进行改善。本章从承载力的作用机理入手，构建了承载力提升两种途径和方法。是否在承载范围内，不仅取决于承压系统的承压能力，同时也与压力源所产生的压力的大小有关。因而，城市综合开发项目承载力的提升措施也有两类，第一类是提高承压系统的承压能力，通过城市综合开发项目自建部分基础设施来弥补城市现有基础设施的不足，这是积极的措施，但是造成项目范围的扩大和类型的增多，因而要注意项目群之间的集成配置关系；第二类是降低项目对于城市承载力所产生的压力，适应当前承载力现状。这种提升方法主要适用于自然环境、经济和社会承压系统不易改变的情况，在这样的情况下，城市综合开发项目的规模、建设方案只能被动地适应承载力的现状，否则，不仅会给城市系统带来破坏性的影响，也会给项目的正常建设和运营带来重大问题。

第七章　基于承载力的城市综合开发项目评价案例

在构建了基于承载力的城市综合开发项目评价模型和方法的基础上，本章把这个模型应用到具体的案例中去，来验证评价模型与方法的准确性与科学性。通过对评价结果的分析，找出项目存在的问题，从而能够为项目前期的决策和策划提供参考依据。

第一节　案例的背景及其研究过程

H项目是一个位于天津市的大学城的建设与开发项目。2006年，国务院审核通过了《天津市城市总体规划（2005～2020年）》，指出要把天津市建成为国际港口城市、北方经济中心和生态城市。同年，国务院批准天津市滨海新区综合配套改革试点，成为我国第二个综合配套改革试点区。这给天津市经济的发展注入了新的活力，同时也带来了巨大的压力。为了推动北方经济中心地位的形成，推动滨海新区的产业升级和技术改革，创新迫切需要大批的高级蓝领工人。然而，尽管天津市职业教育源远流长，近两年来却出现高职教育资源紧缺、集约化程度低的现象，这成为制约天津市经济发展的瓶颈，同时，这也与天津市的经济定位不相符。在项目启动之初，天津市有中德职业技术学院、天津电子信息技术学院等7所高职院校，但是院校分布分散，集约化程度不强，因而急需要整合天津的职业教育资源，从而为经济的发展提供良好的人力资源。而与此同时，"国家职业教育改革试验区"的发展定位为天津市职业教育的发展带来了难得的历史性机遇。因此，为了整合、优化天津市的职业教育资源，打造国家高职教育的核心载体，推动天津经济发展，天津政府启动了H项目。

本书对H项目进行了为期一个月的案例分析，对案例的研究主要形式包括前期的访谈、实地调研，研究后期以问卷调查的形式获得案例分析所需要的数据。案例研究的过程主要包括以下几个环节，下文将展开详细论述。整个案例调研的过程如图 7 – 1 所示。

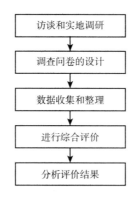

图 7 – 1　本书案例研究的过程

一、访谈与实地调研

对案例进行访谈，了解项目的发起目的、策划过程，从项目对城市承载力的贡献的角度去探讨项目的目的和作用。本书对项目的决策参与者及项目建设者进行了访谈，共 5 人次，每次访谈持续 1 个小时左右。本书依照访谈提纲依次提问，访谈提纲见附录 2。

这个阶段的访谈目的在于了解 H 项目的基本概况，了解项目对城市承载力的贡献，了解项目在建设和运营过程中是否受到自然、基础设施、经济和社会承载力的影响和制约。了解项目是否因为忽略了城市综合承载力的影响而产生了一些问题，这些问题是如何解决的。这些目的可以通过访谈问题一一实现。

在访谈的基础上，本书对 H 项目进行了实地调研，对项目周边的地理情况有了进一步的认识，同时对项目的初步运营情况作了了解。

二、调查问卷设计

以本书所构建的城市承载力对城市综合开发项目影响的指标体系为基础，设计调查问卷，并对调查问卷进行测试，从而发现问题改进问卷，问卷设计的合理与否直接关系到模糊综合评价模型所需数据的准确性和真实性。

三、数据收集与整理

本案例研究所需要的数据主要服务于两个不同的目的。首先，是计算指标权重所需要的数据，此处主要是使用层次分析法对指标进行两两比较打分，本书设计了层次分析法的两两比较矩阵，邀请 5 位专家对指标的重要程度进行比较。本书设计了城市综合开发项目承载力评价指标权重确定的调查问卷，详见附录 3。其次，是利用模糊综合评价法计算项目承载力的数据。有关这一部分数据，本书也是通过调查问卷的方式获得，调查问卷详见附录 4。

四、进行综合评价

利用模糊综合评价法计算城市自然环境、基础设施、经济和社会等综合承载力对城市综合开发项目的影响程度和水平。利用问卷调查获得的数据，使用软件 yaahp5.0.2 计算各个指标的权重；并利用模糊综合评价调查问卷获得的数据，计算 H 项目受城市综合承载力的影响程度和水平，得出评价结论。

五、承载力提升措施

当城市综合承载力对项目支持程度不高时，需要分析找出原因，从而能够改变项目的某些方案或者增加项目的某些功能，从而提高城市对项目的承载能力。

第二节　基于承载力贡献的 H 项目 0 - 1 评价

城市综合开发项目对城市承载力的贡献分析是从承载力角度来评价项目启动的必要性。城市综合开发项目启动的基本准则是城市综合开发项目能够弥补城市承载力的缺口。按照本书在第三章中的论述，城市承载力的缺口以及项目是否能够弥补这个缺口是项目评价的关键。项目的评价要分析城市承载力的压力源及其承压能力，从而确定承载力缺口。以下将对 H 项目的具体情况进行分析。

一、H 项目简介

H 项目是国家级高等职业教育改革试验区、教育部直属高等教育示范区、天津市科技研发创新示范区。规划总用地 37 平方公里，规划办学规模 20 万人，居住人口 10 万人。教育园区依照"一廊两翼"进行布局，"一廊"是指

结合用地的生态走廊建设的中央生态绿廊，"两翼"是指绿廊两侧的院校、居
住及配套设施建设。教育园区按照规划功能不同分为高职园、高教园、高研园
三个部分。高职园区包括 7 所职业院校，中央生态绿廊内布置了管理中心和体
育中心。管理中心内有园区管理中心、公共图书馆和文化交流中心。体育中心
内布置了体育场、游泳馆、公共实训中心和商业娱乐中心。高教园为两所国家
重点高等院校并设置了公共服务区域。高研园内主要布置教育、科研、居住的
发展预留地。

之所以选择 H 项目这样一个目前正在建设并部分运营的项目进行评价，
是考虑到研究可以通过回顾决策阶段的城市综合承载力的状况对项目做出评
价，同时结合项目建设和运营的效果对评价结果进行检验，从而来验证本书的
评价模型的可信度和科学性。

H 项目包括若干期工程，其中一期工程已经竣工，部分学生已经入驻。但
是，开发项目受城市综合承载力的分析应该是在项目的前期，即决策阶段来进
行的。因而，在问卷设计时，要让问卷回答者回顾项目决策阶段的情形，才能
够做出比较准确的回答。

二、H 项目 0 –1 评价流程

H 项目是否能够弥补承载力缺口是启动它的前提条件。因而，确定城市承
载力缺口是一个非常重要的内容。确定压力源和承压系统现状是确定城市承载
力的缺口的关键。首先要分析城市承载力的压力源，其次分析现有的承压系
统，然后分析得出承载力的缺口，最后依据承载力的缺口的规模确定项目的规
模及其功能，分析其是否能够弥补城市的承载力缺口。其流程如图 7 – 2 所示。

（一）H 项目的压力源

城市综合承载力包括自然资源承载力、基础设施承载力、经济承载力和社
会承载力等。其中基础设施承载力又包括工程性基础设施和社会性基础设施。
工程性基础设施包括交通、给排水、能源等反映城市硬实力的基础设施，而社
会性基础设施则是提高教育、科研、文化、卫生等一些城市软实力的基础设
施。H 项目是一个大学城的规划和建设项目，因而，H 项目的建设主要是解决
城市社会性基础设施不足的问题，因而我们要重点考察 H 项目对城市教育基
础设施承载力的贡献。因而，首先来分析天津市教育基础设施承载力的现有和
将来对城市教育基础设施承载力的需求。

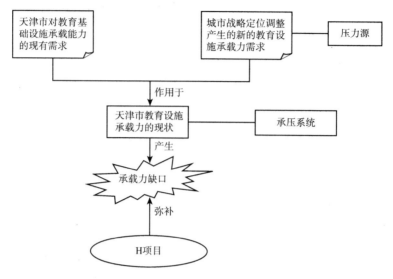

图7-2　H项目对城市教育基础设施的贡献的评价流程

1. 经济社会对职业教育设施承载力的需求现状

2007年，H项目规划策划之初，天津市的经济发展处于一个良好的发展轨道上，天津市的经济GDP增长从改革开放到2009年年平均增长率达到10.9%，整体发展形势较好。这其中，天津市滨海新区的经济增长对于天津市经济的增长起到很大的作用。滨海新区1993年生产总值为112.36亿元到2003年增加到1046.3亿元。在此基础上，到2008年为止，GDP连续迈上两个千亿元台阶，2008年达到3102亿元，占天津市GDP总量的48.8%①。同时，天津滨海新区天津开发区形成了九大主导产业，主要包括电子通讯产业、汽车产业、生物医药产业、食品饮料产业、新能源新材料和生态环保产业、装备制造产业、石油化工产业、航天产业以及以金融、物流、服务外包为代表的现代服务业。滨海新区经济结构的转型，对于人力资源的数量和质量都提出了新的要求。产业结构的升级不仅要求对高端的创新型人才极为需求，对高级技术工人需求也非常旺盛。这些客观因素都对天津职业教育设施承载力提出了较高的需求。

2. 城市战略定位调整对职业教育设施承载力的新的需求

2006年5月，国务院正式批准天津市滨海新区为全国综合配套改革试验

---

① 天津市人民政府公报.

区，要把天津市滨海新区建设成为现代化制造和研发基地、国际航运中心和国际物流中心，成为珠三角和浦东一样的经济增长极。

城市战略地位特别是滨海新区经济地位的调整将会带动经济进一步的增长，对高级蓝领工人的需求会进一步的增加，这些都对职业教育的规模和质量提出了一定的要求。

（二）天津市城市职业教育基础设施承载水平

天津市的职业教育源远流长，1992 年就成立了职业教育委员会，经过二十多年的发展已经构建了与本市主导产业和支柱行业紧密结合高标准职业教育体系。

然而，职业教育仍然存在着较大的承载力缺口。这种缺口更多的是在培养质量上不能够满足城市经济的需求，主要表现为以下两个方面。

首先，职业教育学校分散，集约化程度不足。在 H 项目规划之初，天津市当前有多所职业教育学院。包括天津轻工职业技术学院、天津海运职业学院、天津电子信息职业技术学院、天津现代职业技术学院、天津中德职业技术学院、天津市电子信息高级技术学校和天津市机电工艺学院等。然而，这些院校在地域空间上比较分散，无法发挥规模效应。

其次，缺乏大型的实训基地。职业教育的重点是对于实践工作环境进行模拟，增强劳动者的动手能力，因而，就必须具备符合产业发展方向的高级实训设施。为此，天津市各大职业院校都建立以本学院为基地的实训中心。然而，上述做法的缺陷之一是不能够发挥集约化优势，设施只能为学院的重点专业提供实训，不能覆盖每个专业。并且，由于单个学校的能力有限，存在着实训设施低端化和重复购置的问题。因而，在 H 项目规划之初，天津市职业教育实训设施急需集约化和整合，需要建立实训基地。

正是由于职业教育承载力不能够适应天津市经济发展和产业转型的需求，存在着承载力缺口，H 项目对城市承载力的提升意义重大，因而 H 项目得以建设实施。H 项目共分三期，一期 2009 年 6 月底开工，到 2011 年 4 月完工，7 所院校建成开学，6.5 万师生入住新校区。一期 7 所职业院校共整合了天津市 14 所职业院校。

本节通过定性分析确定了 H 项目对于城市承载力的贡献，由于职业教育基础设施承载力存在缺口，H 项目能够较好的弥补这个缺口，因而从承载力贡献角度来说，H 项目是值得启动的。

第三节 H 项目受城市承载力的影响评价

本节依据前文所构建的城市承载力对城市综合开发项目影响评价的指标体系，对城市承载力对 H 项目的支持程度进行了问卷调查，利用模糊评价法对 H 项目受城市综合承载力的影响程度进行了综合评价，以下将对具体评价过程进行论述。

一、问卷的设计

本部分调查问卷的目的是为了获得模糊综合评价所需要的数据，为了实现这个目标，依据前文所构建的城市承载力对于开发项目影响评价的指标体系，根据 H 项目的特点，对于指标进行了筛选。

（一）指标的筛选

本书在第四章构建了城市综合开发项目受城市承载力影响的评价指标体系，如表 4 - 9 所示。然而对于不同的项目来说，由于评价对象的不同，其评价指标的意义和重要性是不一样的。因而，为了构建有针对性的评价指标，必须依据项目的特点和需要对指标体系进行筛选。

本书在对这些指标进行分析的基础上，删除了"行政办公基础设施承载力（U_{221}）"和"教育科研设施承载力（U_{226}）"，其余的指标保留。删除这两个指标的原因论述如下：

（1）行政办公基础设施承载力。行政办公基础设施承载力对于城市综合开发项目的影响是指项目周边的行政办公的基础设施对于项目功能实现的支持能力。对于城市新区、经济技术开发区的开发和建设来说，这是一个非常重要的项目评价指标。然而，对于本书所评价的大学城的功能实现来说，这个指标的意义不大，因而，对于该指标予以删除。

（2）教育科研设施承载力。教育科研设施承载力是指教育和科研配套对 H 项目功能实现的支持能力。对于城市保障房项目和房地产项目来说，教育配套设施（例如中小学、幼儿园等）对于项目的成功有重要的支持作用。对于产业园区项目来说，科研设施及其平台的配套对于产业园的发展意义重大。但是，本书的研究对象本身就是教育科研设施的开发建设项目，因而对于此指标予以删除。在删除以上两个指标后，本书构建了城市承载力对 H 项目的影响评价指标体系，并对指标进行了重新编号，如表 7 - 1 所示。

表 7 - 1 　　　　　　　　城市承载力对 H 项目影响评价指标体系

一　级	二　级	三　级
城市自然环境承载力（U_1）	城市自然资源承载力（U_{11}）	城市水资源（U_{111}）
		城市土地资源（U_{112}）
	城市自然生态环境承载力（U_{12}）	—
城市基础设施承载力（U_2）	工程性基础设施（U_{21}）	城市交通基础设施承载力（U_{211}）
		城市能源基础设施承载力（U_{212}）
		城市防灾基础设施承载力（U_{213}）
		城市给排水基础设施承载力（U_{214}）
		城市环境保护基础设施承载力（U_{215}）
		城市邮电通讯基础设施承载力（U_{216}）
	社会性基础设施（U_{22}）	商业金融基础设施承载力（U_{221}）
		文化娱乐基础设施承载力（U_{222}）
		体育基础设施承载力（U_{223}）
		医疗卫生设施承载力（U_{224}）
城市经济承载力（U_3）	经济规模（U_{31}）	—
	经济发展速度（U_{32}）	
	经济结构（U_{33}）	
城市社会承载力（U_4）	项目公益性（U_{41}）	项目公益性程度（U_{411}）
		社会公众对项目的理解和支持程度（U_{412}）
	项目对弱势群体的关注（U_{42}）	因项目而受损失的公众的数量（U_{421}）
		公众损失利益的大小（U_{422}）
		受损失公众对补偿措施的满意程度（U_{423}）

　　从表 7 - 1 可以看出，H 项目受城市承载力影响的评价指标共 3 个层次，4 个维度，21 个指标。

（二）指标的度量

　　本书采用 Likert 五级量表的方式，让答卷者回顾 H 项目在最初策划阶段的状况，对自然、基础设施、经济和社会承载力对项目建设和运营的成功度的支持能力进行评价和打分，对其承载能力水平在（5 分、4 分、3 分、2 分、1

分）五级打分中做出选择，做出自己的评价。5 分表示城市承载力对于项目的建设和运营支持能力"很高"，4 分表示"高"，3 分表示"一般"，2 分表示"低"，1 分表示"很低"。指标打分的高低与城市承载力对项目的影响正相关，也就是说，打分越高，城市承载力对于 H 项目的支持程度越高；反之，支持程度越低。例如，城市综合开发项目的公益性程度越高，则评价的打分越高，这时候社会承载力对项目建设和运营的支持程度越高，也就是这个项目的社会基础越扎实，发生社会性事件的可能性越小。

然而，对于两项指标要给予说明，即"因项目而受损失的公众的数量（U_{421}）"和"公众损失利益的大小（U_{422}）"，这两项指标的打分与承载力水平是反向变化关系。也就是说，指标打分越高，意味着因项目受损失的公众的数量越多，且公众损失的利益越大，这时候城市社会承载力对于项目的支持程度越小，而不是越大。为了保持整个指标的打分数值与承载力评价程度的一致性，在进行评价时要对指标打分进行调整。调整公式见公式（7.1）。

$$X_{调整} = \begin{cases} 3 + (3 - X_{原始}), 当 X_{原始} \leqslant 3 \text{ 时} \\ 3 - (X_{原始} - 3), 当 X_{原始} > 3 \text{ 时} \end{cases} \quad (7.1)$$

其中，$X_{调整}$ 表示经过调整后的评分，$X_{原始}$ 表示对指标的原始打分。经过公式（7.1）的变换，能够保证各个指标评分与承载力水平保持一致的相关性。

（三）问卷的主要内容

问卷的内容主要由两部分组成。

第一部分是有关问卷填写的概述。介绍 H 项目的基本概况、对承载力的基本概念进行解释，并且邀请答卷人对于 H 项目的真实情况进行评分。这里需要强调的是，由于 H 项目的一期工程已经结束，项目已经开始运营，因而在对项目进行评价打分时要求答卷人回到 H 项目策划之初，对项目决策阶段的真实情况给予作答，这样才能够对当时城市承载力对项目的影响和制约情况进行真实的反映。之所以要回到项目当时的情况而不能够依据项目现在的现实状况进行作答，是因为 H 项目已经对城市承载力不足以支持的内容进行了改进和提高，例如道路的建设、污水处理设施的建设等，这是对承载力不足的改进措施，是对评价结果的改善。因而，项目的评价必须回到决策之初的基本状况。

第二部分是 H 项目受城市承载力影响评价。问卷对于 4 个维度指标都进行了提问，提问的问题类似于在 H 项目的决策之初，H 项目周边的交通基础设施对项目正常建设和运营的支持程度为（很高、高、一般、低、很低），由答卷者做出自己的判断。具体 21 个指标的提问见附录 4。

二、数据的获得和整理

H 项目是由天津市 C 集团进行全过程代建的，作为政府的代理人，C 集团对项目的决策、设计、建设和运营进行了全生命周期管理。模糊综合评价是一种主观评价，要想保证评价结果的准确与科学性，必须保证答卷人十分了解和熟悉项目的具体情况。因而，本书在问卷发放过程中，对于答卷人的选择很谨慎。答卷人都参与过项目前期论证或者项目建设，对项目非常熟悉。共发放问卷 40 份，回收 30 份，有效问卷 30 份。本书对问卷数据进行分析和整理，为了方便构建单因素评价矩阵，本书将统计结果按照自然环境承载力、基础设施承载力、经济承载力和社会承载力四类进行分类列表，显示了对每一个问题出现的频次以及频率，如表 7 - 2 ～ 表 7 - 5 所示。

表 7 - 2   **城市自然承载力对 H 项目的支持能力统计结果**

评语指标	很高		高		一般		低		很低	
	频次	频率（%）	频次	频率（%）	频次	频率（%）	频次	频率（%）	频次	频率（%）
水自然资源	1	3.33	1	3.33	20	66.66	7	23.33	1	3.33
土地自然资源	10	33.33	13	43.33	5	16.67	2	6.67	0	0
自然生态	3	10	15	50	10	33.33	2	6.67	0	0

表 7 - 3   **城市基础设施承载力对 H 项目的支持能力统计结果**

评语指标	很高		高		一般		低		很低	
	频次	频率（%）	频次	频率（%）	频次	频率（%）	频次	频率（%）	频次	频率（%）
交通基础设施承载力	0	0	2	6.66	8	26.66	12	40	8	26.66
能源基础设施承载力	0	0	1	3.33	7	23.33	13	43.33	9	30
防灾基础设施承载力	0	0	4	13.33	15	50	8	26.66	3	10

评语指标	很高		高		一般		低		很低	
	频次	频率（%）	频次	频率（%）	频次	频率（%）	频次	频率（%）	频次	频率（%）
给排水基础设施承载力	0	0	1	3.33	2	6.66	21	70	6	20
环境保护设施承载力	2	6.66	5	16.66	12	40	7	23.33	4	13.33
邮电通信设施承载力	2	6.66	7	23.33	14	46.66	4	13.33	3	10
商业金融基础设施承载力	4	13.33	3	10	5	16.66	13	43.33	5	16.66
文化娱乐基础设施承载力	1	3.33	2	6.66	13	43.33	12	40	2	6.66
体育基础设施承载力	0	0	2	6.66	5	16.66	13	43.33	10	33.33
医疗卫生设施承载力	2	6.66	2	6.66	4	13.33	20	66.66	2	6.66

表 7 – 4   城市经济承载力对 H 项目的支持能力统计结果

评语指标	很高		高		一般		低		很低	
	频次	频率（%）	频次	频率（%）	频次	频率（%）	频次	频率（%）	频次	频率（%）
经济规模	13	43.33	12	40	4	13.33	1	3.33	0	0
经济发展速度	14	46.66	12	40	3	10	0	0	1	3.33
经济结构	9	30	8	26.66	10	33.33	2	6.66	1	3.33

表 7 – 5   城市社会承载力对 H 项目的支持能力统计结果

评语指标	很高		高		一般		低		很低	
	频次	频率（%）	频次	频率（%）	频次	频率（%）	频次	频率（%）	频次	频率（%）
项目公益性程度	9	30	19	63.33	2	6.66	0	0	0	0
社会公众对项目的理解和支持程度	7	23.33	14	46.66	7	23.33	2	6.66	0	0

续表

评语指标	很高		高		一般		低		很低	
	频次	频率(%)	频次	频率(%)	频次	频率(%)	频次	频率(%)	频次	频率(%)
因项目而受损失的公众的数量	3	10	4	13.33	18	60	5	16.66	0	0
受损者损失利益的大小	2	6.66	4	13.33	19	63.33	5	16.66	0	0
受损失公众对补偿措施的满意程度	5	16.66	3	10	12	40	7	23.33	3	10

笔者根据在表 7-5 中，"因项目而受损失的公众的数量"与"受损者损失利益的大小"两项指标由于其承载力影响与评价打分成反向变化关系，因而本书对其进行调整，调整公式见公式（7.1）。

三、指标权重的确定

本书选取 5 位专家对指标进行两两比较，利用 yaahp5.0.2 计算各级指标权重，最后对 5 位专家的权重进行加权平均，从而得出评价指标体系的权重。

1. 一级指标权重的确定

本书依据 5 位专家的打分构造判断矩阵，通过 yaahp5.0.2 进行计算，分别得出 5 位专家的权重及其加权评价后的权重值，详见表 7-6。

表 7-6 **H 项目受城市承载力影响评价的一级指标权重数据**

指 标	W_1	W_2	W_3	W_4	W_5	加权平均值
自然承载力	0.2699	0.2425	0.2422	0.2786	0.2787	0.2624
基础设施承载力	0.2102	0.2425	0.1983	0.3403	0.3237	0.263
经济承载力	0.1902	0.1709	0.1983	0.1529	0.1455	0.1716
社会承载力	0.3297	0.3441	0.3613	0.2281	0.2521	0.3030

2. 二级指标权重的确定

同时，对二级指标权重进行计算，如表 7-7~表 7-10 所示。

表 7 - 7   H 项目城市自然环境承载能力权重数据

指 标	W_1	W_2	W_3	W_4	W_5	加权平均值
自然资源	0.5	0.5	0.5987	0.5498	0.5	0.53
自然生态	0.5	0.5	0.4013	0.4502	0.5	0.47

表 7 - 8   H 项目基础设施承载力评价指标权重数据

指 标	W_1	W_2	W_3	W_4	W_5	加权平均值
工程性基础设施	0.5	0.5	0.4502	0.5	0.5	0.49
社会性基础设施	0.5	0.5	0.5498	0.5	0.5	0.51

表 7 - 9   H 项目经济承载力评价指标的权重数据

指 标	W_1	W_2	W_3	W_4	W_5	加权平均值
经济规模	0.2900	0.2905	0.2702	0.2905	0.3104	0.2903
经济增长	0.3786	0.3548	0.3528	0.3548	0.3104	0.3503
经济结构	0.3314	0.3548	0.3771	0.3548	0.3792	0.3595

表 7 - 10   H 项目社会承载力评价指标权重数据

指 标	W_1	W_2	W_3	W_4	W_5	加权平均值
项目公益性	0.5	0.3543	0.4013	0.3100	0.3543	0.3840
对弱势群体的关注度	0.5	0.6457	0.5987	0.6900	0.6457	0.6160

3. 三级指标权重

三级指标权重数据如表 7 - 11 ~ 表 7 - 15 所示。

表 7 - 11   H 项目城市自然资源承载力评价指标权重数据

指 标	W_1	W_2	W_3	W_4	W_5	加权平均值
土地资源	0.5987	0.5	0.5	0.5	0.5	0.52
水资源	0.4013	0.5	0.5	0.5	0.5	0.48

表 7 - 12　　　　**H 项目工程性基础设施承载力评价指标权重数据**

指　　标	W₁	W₂	W₃	W₄	W₅	加权平均值
交通	0.2875	0.2869	0.2135	0.2250	0.2040	0.2434
能源	0.1687	0.1683	0.1480	0.1411	0.1615	0.1575
防灾	0.1336	0.1425	0.1997	0.1782	0.1846	0.1677
给排水	0.1744	0.1628	0.1635	0.1509	0.1511	0.1605
环境保护	0.1336	0.1473	0.1582	0.2036	0.2040	0.1693
邮电通信	0.1023	0.0924	0.1172	0.1011	0.00948	0.0845

表 7 - 13　　　　**H 项目城市社会性基础设施承载力评价指标的权重数据**

指　　标	W₁	W₂	W₃	W₄	W₅	加权平均值
商业金融基础设施承载力（U_{221}）	0.2251	0.2255	0.2031	0.2500	0.2031	0.2214
文化娱乐基础设施承载力（U_{222}）	0.2749	0.2754	0.2882	0.2500	0.2607	0.2698
体育基础设施承载力（U_{223}）	0.2251	0.2371	0.2607	0.2500	0.2480	0.2442
医疗卫生设施承载力（U_{224}）	0.2749	0.2620	0.2480	0.2500	0.2882	0.2646

表 7 - 14　　　　**H 项目公益性程度评价指标权重数据**

指　　标	W₁	W₂	W₃	W₄	W₅	加权平均值
项目公益性程度（U_{411}）	0.4502	0.4502	0.5498	0.5	0.5	0.49
社会公众对项目的理解和支持程度（U_{412}）	0.5498	0.5498	0.4502	0.5	0.5	0.51

表 7 - 15　　　　**H 项目对弱势群体关注度评价指标权重数据**

指　　标	W₁	W₂	W₃	W₄	W₅	加权平均值
因项目而受损失的公众的数量（U_{421}）	0.3558	0.3558	0.4028	0.3333	0.3528	0.3601
公众损失利益的大小（U_{422}）	0.3114	0.3114	0.3085	0.3333	0.2707	0.3071
受损失公众对补偿措施的满意程度（U_{423}）	0.3328	0.3328	0.2886	0.3333	0.3771	0.3329

在计算 5 位专家各个指标加权平均权重之后，与一级指标的权重加权，得到二级指标的最终权重如表 7 - 16 所示。

表 7 - 16　　　　　　城市综合开发项目承载力评价各级指标权重

一　级	二　级	三　级
城市自然环境承载力 (0.2624)	城市自然资源承载力 (0.53)	城市水资源 (0.52)
		城市土地资源 (0.48)
	城市自然生态环境承载力 (0.47)	—
城市基础设施承载力 (0.263)	工程性基础设施 (0.49)	城市交通基础设施承载力 (0.2434)
		城市能源基础设施承载力 (0.1517)
		城市防灾基础设施承载力 (0.1677)
		城市给排水基础设施承载力 (0.1605)
	社会性基础设施 (0.51)	商业金融基础设施承载力 (0.2214)
		文化娱乐基础设施承载力 (0.2698)
		体育基础设施承载力 (0.2442)
		医疗卫生设施承载力 (0.2646)
城市经济承载力 (0.1716)	经济规模 (0.2903)	—
	经济发展速度 (0.3503)	
	经济结构 (0.3595)	
城市社会承载力 (0.3030)	项目公益性 (0.3840)	项目公益性程度 (0.49)
		社会公众对项目的理解和支持程度 (0.51)
	项目对弱势群体的关注 (0.6160)	因项目而受损失的公众的数量 (0.3601)
		公众损失利益的大小 (0.3071)
		受损失公众对补偿措施的满意程度 (0.3329)

表 7 - 16 中列出的指标权重显示了各指标对于 H 项目成功的重要性，指标权重的确定为承载力的综合评价奠定了基础。

四、承载力的模糊综合评价

在本书第五章已经介绍了模糊综合评价的方法，结合案例研究通过问卷调查获得的数据，可以进行承载力的模糊综合评价。

（一）建立因素集

各级指标要分别建立因素集，分别表示如下：

1. 一级指标的因素集定义

$$U = \{U_1, U_2, U_3, U_4\}$$

其中，U 为城市承载力对 H 项目影响程度因素集；U_1 为城市自然环境承载力对 H 项目的支持或影响；U_2 为城市基础设施承载力对 H 项目的支持或影响；U_3 为城市经济承载力对 H 项目的支持或影响；U_4 为城市社会承载力对 H 项目的支持或影响。

2. 二级指标的因素集定义

$$U_1 = \{U_{11}, U_{12}\}$$

其中，U_1 为城市自然环境承载力对 H 项目的支持或影响；U_{11} 为城市自然资源对 H 项目的支持或影响；U_{12} 为城市自然生态对 H 项目的支持或影响。

$$U_2 = \{U_{21}, U_{22}\}$$

其中，U_2 为城市基础设施承载力对 H 项目的支持或影响；U_{21} 为城市工程性基础设施承载力对 H 项目的支持或影响；U_{22} 为城市社会性基础设施承载力对 H 项目的支持或影响。

$$U_3 = \{U_{31}, U_{32}, U_{33}\}$$

其中，U_3 为城市经济对 H 项目的支持或影响；U_{31} 为城市经济规模对 H 项目的支持或影响；U_{32} 为城市经济发展速度对 H 项目的支持或影响；U_{33} 为城市经济结构对 H 项目的支持或影响。

$$U_4 = \{U_{41}, U_{42}\}$$

其中，U_4 为城市社会承载力对 H 项目的支持或影响；U_{41} 为项目的社会公益性程度；U_{42} 为项目对于弱势群体的关注。

3. 三级指标的因素集定义

$$U_{11} = \{U_{111}, U_{112}\}$$

其中，U_{11} 为城市自然资源承载力对 H 项目的支持或影响；U_{111} 为城市水资源承载力对 H 项目的支持或影响；U_{112} 为城市土地资源承载力对 H 项目的支持或影响。

$$U_{21} = \{U_{211}, U_{212}, U_{213}, U_{214}, U_{215}, U_{216}\}$$

其中，U_{21} 为城市工程性基础设施对 H 项目的支持或影响；U_{211} 为城市交通对 H 项目的支持或影响；U_{212} 为城市能源对 H 项目的支持或影响；U_{213} 为城市防灾设施对 H 项目的支持或影响；U_{214} 为城市给排水设施对 H 项目的支持或影响；U_{215} 为城市环境保护设施对 H 项目的支持或影响；U_{216} 为城市邮电通讯设施对 H 项目的支持或影响。

$$U_{22} = \{U_{221}, U_{222}, U_{223}, U_{224}\}$$

其中，U_{22} 为城市社会性基础设施对 H 项目的支持或影响；U_{221} 为商业金融设施对 H 项目的支持或影响；U_{222} 为文化娱乐设施对 H 项目的支持或影响；U_{223} 为体育设施对 H 项目的支持或影响；U_{224} 为城市医疗卫生设施对 H 项目的支持或影响。

$$U_{41} = \{U_{411}, U_{412}\}$$

其中，U_{41} 为 H 项目公益性；U_{411} 为 H 项目的公益性程度；U_{412} 为公众对 H 项目的理解和支持程度。

$$U_{42} = \{U_{421}, U_{422}, U_{423}\}$$

其中，U_{42} 为 H 项目对弱势群体的关注；U_{421} 为 H 项目受损的群众的数量多少；U_{422} 为公众损失利益的大小；U_{423} 为受损公众对损失补偿的满意程度。

（二）建立评语集

以评价者对评价对象做出的各种评价结果为元素建立评语集，本书建立了 5 级评语等级，评语集为：

$$V = \{V_1, V_2, V_3, V_4, V_5\}$$

其中，V 表示评语集合；V_1 表示很高；V_2 表示高；V_3 表示一般；V_4 表示低；V_5 表示很低。

在一些指标评价中，其评语含义是：

V_1 表示很多（大）；V_2 表示多（大）；V_3 表示一般；V_4 表示少（小）；V_5 表示很少（小）。

（三）H 项目受城市承载力影响的模糊综合评价

以下将依据城市自然环境承载力、城市基础设施承载力、城市经济以及城市社会承载力对于 H 项目的影响进行模糊综合评价，从而判断城市综合承载力对于 H 项目的影响程度。当 H 项目受城市承载力影响综合评价得分较低时，要具体分析影响因素和指标，识别出城市承载力不足的因素，从而进行项目方案的调整或者城市规划的调整，在某些情况下有可能要终止项目。

本书的指标是一个四维的多级指标，共有三级指标，因而是一个多层次综合评判。多层次综合评判需要采用分层的方式来进行模糊综合，也就是先从低层次的三级指标进行模糊评判，然后在进行二级指标的模糊评判，最后对一级指标进行评判。

1. 二级和三级指标的模糊综合评价

（1）自然环境承载力对 H 项目影响的模糊综合评价。自然环境承载力对项目的影响包括自然资源和自然生态两个方面。自然资源又包括土地自然资源和水资源。在进行模糊综合评价时，要先对三级指标即自然资源进行模糊综合评价，然后对二级指标进行评价。

首先，对三级指标即自然资源承载力进行评价。根据表 7 - 2 数据建立模糊判断矩阵：

$$R_{11} = \left\{ \begin{array}{ccccc} 0.033 & 0.033 & 0.667 & 0.233 & 0.033 \\ 0.333 & 0.433 & 0.167 & 0.067 & 0 \end{array} \right\}$$

用模型 M（·，+）计算：

$$B_{11} = (0.52, 0.48) * \left\{ \begin{array}{ccccc} 0.033 & 0.033 & 0.667 & 0.233 & 0.033 \\ 0.333 & 0.433 & 0.167 & 0.067 & 0 \end{array} \right\}$$

$$B_{11} = (0.177, 0.225, 0.427, 0.153, 0.017)$$

然后，对于二级指标自然环境进行模糊综合评价。根据表 7 - 2 数据建立自然环境评价的判断矩阵。

$$R_1 = \left\{ \begin{array}{ccccc} 0.177 & 0.225 & 0.427 & 0.153 & 0.017 \\ 0.1 & 0.5 & 0.333 & 0.067 & 0 \end{array} \right\}$$

从表 7 - 16 查得自然资源和自然生态的权重，进行模糊合成：

$$B_1 = (0.53, 0.47) * \left\{ \begin{matrix} 0.177 & 0.225 & 0.427 & 0.153 & 0.017 \\ 0.1 & 0.5 & 0.333 & 0.067 & 0 \end{matrix} \right\}$$

计算可得：

$$B_1 = (0.141, 0.354, 0.383, 0.113, 0.009)$$

从 B_1 数据我们可以看出，按照最大隶属度原则，其最大隶属度值为 0.383，对应的评语为"一般"。然而，评语为"高"的隶属度也达到 0.354，并且有 88.1%（14.1% + 35.4% + 38.3%）的评价者给予了中等程度以上的评价，这说明自然环境对于项目的支持度很高。

这主要是由于 H 项目是一个大学城的开发和建设项目，在建设和运营过程中不会对自然资源和自然环境产生较大的不可逆的影响，并且项目的选址在自然生态环境比较优越，且建设密度较小的津南区，因而自然环境对项目的支持程度是比较好的。

（2）基础设施承载力对 H 项目影响的模糊综合评价。基础设施承载力包括工程性基础设施和社会性基础设施两个部分。这是项目重要的配套工程，对于项目的功能实现是不可或缺的。以下将首先对各三级指标进行综合评价，然后再对二级指标进行评价。

第一，对工程性基础设施进行综合评价。依据表 7-3 中的数据，建立工程性基础设施模糊综合评价判断矩阵：

$$R_{21} = \left\{ \begin{matrix} 0 & 0.067 & 0.267 & 0.4 & 0.267 \\ 0 & 0.033 & 0.233 & 0.433 & 0.3 \\ 0 & 0.133 & 0.5 & 0.267 & 0.1 \\ 0 & 0.033 & 0.067 & 0.7 & 0.2 \\ 0.067 & 0.167 & 0.4 & 0.233 & 0.133 \\ 0.067 & 0.233 & 0.467 & 0.133 & 0.1 \end{matrix} \right\}$$

从表 7-16 查得工程性基础设施的权重，进行模糊合成：

$$B_{21} = (0.2434, 0.1517, 0.1677, 0.1605, 0.1693, 0.0845)$$

$$* \begin{Bmatrix} 0 & 0.067 & 0.267 & 0.4 & 0.267 \\ 0 & 0.033 & 0.233 & 0.433 & 0.3 \\ 0 & 0.133 & 0.5 & 0.267 & 0.1 \\ 0 & 0.033 & 0.067 & 0.7 & 0.2 \\ 0.067 & 0.167 & 0.4 & 0.233 & 0.133 \\ 0.067 & 0.233 & 0.467 & 0.133 & 0.1 \end{Bmatrix}$$

$$B_{21} = (0.017, 0.097, 0.302, 0.371, 0.191)$$

第二，对社会性基础设施进行模糊综合评价。依据 7 - 3 中的数据，建立社会性基础设施模糊综合评价判断矩阵：

$$R_{22} = \begin{Bmatrix} 0.133 & 0.1 & 0.167 & 0.433 & 0.167 \\ 0.033 & 0.067 & 0.433 & 0.4 & 0.067 \\ 0 & 0.067 & 0.167 & 0.433 & 0.333 \\ 0.067 & 0.067 & 0.133 & 0.667 & 0.067 \end{Bmatrix}$$

从表 7 - 16 查得工程性基础设施的权重，进行模糊合成：

$$B_{22} = (0.2214, 0.2698, 0.2442, 0.2646) * \begin{Bmatrix} 0.133 & 0.1 & 0.167 & 0.433 & 0.167 \\ 0.033 & 0.067 & 0.433 & 0.4 & 0.067 \\ 0 & 0.067 & 0.167 & 0.433 & 0.333 \\ 0.067 & 0.067 & 0.133 & 0.667 & 0.067 \end{Bmatrix}$$

$$B_{22} = (0.0561, 0.074, 0.230, 0.486, 0.154)$$

从以上数据来看，城市工程性基础设施和社会性基础设施承载力对于项目的支持程度都比较低。从工程性基础设施来说，86.4%（30.2% + 37.1% + 19.1%）的评价者都做出了一般及其以下的评价。也就是说，经过综合评价，城市工程性基础承载力对于项目的支持程度处于较低的水平。如果按照最大隶属度原则，其最大隶属度为 0.371，则可以看出，对于其综合评价为"低"。

从 B_{22} 的数据来看，社会性基础设施承载力对 H 项目的支持程度也很低。如果按照最大隶属度原则，其最大隶属度为 0.486，社会性基础设施承载力对 H 项目的支持能力综合评价为"一般"。

以上的评价是符合现实情况的。H 项目的选址为远离城市中心的天津市津南区，其项目选址在外环以外，周边的交通等基础设施配套不足。并且由于 H 项目规模较大，规划总用地 37 平方公里，规划办学规模 20 万人，居住人口

10 万人。项目自身功能的实现对于基础设施的需求非常高，因而无论工程性基础设施还是社会性基础设施，承载力缺口都很大。因而，承载力评价水平都处于较低水平。在对工程性和社会性基础设施进行评价的基础上，再对二级指标基础设施承载力进行模糊综合评价。

第三，对二级指标——基础设施进行模糊综合评价。依据表 7 - 3 中的数据，建立基础设施模糊综合评价判断矩阵：

$$R_2 = \begin{Bmatrix} 0.017 & 0.097 & 0.302 & 0.371 & 0.191 \\ 0.056 & 0.074 & 0.23 & 0.486 & 0.154 \end{Bmatrix}$$

从表 7 - 16 查得基础设施承载力的权重，进行模糊合成：

$$B_2 = (0.49, 0.51) * \begin{Bmatrix} 0.017 & 0.097 & 0.302 & 0.371 & 0.191 \\ 0.056 & 0.074 & 0.23 & 0.486 & 0.154 \end{Bmatrix}$$

$$B_2 = (0.037, 0.085, 0.265, 0.430, 0.172)$$

从 B_2 的数据也可以看出，经过综合评价，城市基础设施承载力对于 H 项目的支持程度不高，按照最大隶属度原则，其隶属度为 0.430，其综合评价水平为"低"。

（3）经济承载力对 H 项目影响的模糊综合评价。城市经济承载力对于项目的影响是评价城市经济的规模、发展速度及其经济结构是否能够为项目提供充分的融资及其市场等。依据表 7 - 4 的数据，建立了城市经济承载力对 H 项目支持程度的模糊评价矩阵：

$$R_3 = \begin{Bmatrix} 0.433 & 0.4 & 0.133 & 0.033 & 0 \\ 0.467 & 0.4 & 0.1 & 0 & 0.033 \\ 0.3 & 0.267 & 0.333 & 0.067 & 0.033 \end{Bmatrix}$$

从表 7 - 16 查得经济承载力的权重，进行模糊合成：

$$B_3 = (0.2903, 0.3503, 0.3595) * \begin{Bmatrix} 0.433 & 0.4 & 0.133 & 0.033 & 0 \\ 0.467 & 0.4 & 0.1 & 0 & 0.033 \\ 0.3 & 0.267 & 0.333 & 0.067 & 0.033 \end{Bmatrix}$$

$$B_3 = (0.397, 0.353, 0.193, 0.034, 0.024)$$

从 B_3 的数据我们可以看出，城市经济承载力对于 H 项目的支持能力较强，这得益于天津市经济在近年来的高速发展，城市的 GDP 规模和发展速度都比较乐观。因而，承载力评价水平较高。按照最大隶属度原则，最大隶属度为0.397，对于经济承载力的评价为"很高"。

（4）社会承载力对 H 项目影响的模糊综合评价。社会承载力衡量 H 项目对于社会结构和社会关系产生的影响，从而影响社会的和谐和稳定的程度，主要包括项目的社会公益性和对于弱势群体的关注度两个指标。项目的社会公益性越强，对于弱势群体的关注度越高，社会承载力对于项目的支持程度越高。在进行模糊综合评价时，先对低层次的指标进行模糊综合，然后对高层次的指标进行评价。

第一，社会公益性（U_{41}）的模糊综合评价。依据表 7 – 5 的数据，建立了社会公益性程度模糊评价矩阵：

$$R_{41} = \begin{Bmatrix} 0.3 & 0.633 & 0.067 & 0 & 0 \\ 0.233 & 0.467 & 0.233 & 0.067 & 0 \end{Bmatrix}$$

从表 7 – 16 查得经济承载力的权重，进行模糊合成：

$$B_{41} = (0.49, 0.51) * \begin{Bmatrix} 0.3 & 0.633 & 0.067 & 0 & 0 \\ 0.233 & 0.467 & 0.233 & 0.067 & 0 \end{Bmatrix}$$

$$B_{41} = (0.266, 0.548, 0.152, 0.034, 0)$$

从 B_{41} 的数据我们可以看出，H 项目是一个公益性程度比较高的开发项目，按照最大隶属度原则，其最大隶属度为 0.548，其对应的评价度为"高"。从这一点来说，社会承载力对于它的支持程度是较好的。因为公益性程度越大的项目，其社会承载力程度越大。

第二，H 项目对于弱势群体的关注度的模糊综合评价。依据表 7 – 5 的数据，建立了 H 项目对于弱势群体的关注度的模糊评价矩阵：

$$R_{42} = \begin{Bmatrix} 0.1 & 0.133 & 0.6 & 0.167 & 0 \\ 0.067 & 0.133 & 0.633 & 0.167 & 0 \\ 0.167 & 0.1 & 0.4 & 0.233 & 0.1 \end{Bmatrix}$$

从表 7 – 16 查得经济承载力的权重，进行模糊合成：

$$B_{42} = (0.3601, 0.3071, 0.3329) * \begin{Bmatrix} 0.1 & 0.133 & 0.6 & 0.167 & 0 \\ 0.067 & 0.133 & 0.633 & 0.167 & 0 \\ 0.167 & 0.1 & 0.4 & 0.233 & 0.1 \end{Bmatrix}$$

$$B_{42} = (0.112, 0.122, 0.544, 0.189, 0.033)$$

第三，H 项目社会承载力模糊综合评价。从表 7 - 16 查得社会承载力的权重，对以上求出的 B_{41} 和 B_{42} 进行模糊综合评价，得到：

$$B_4 = (0.3840, 0.6160) * \begin{Bmatrix} 0.266 & 0.548 & 0.152 & 0.034 & 0 \\ 0.112 & 0.122 & 0.544 & 0.189 & 0.033 \end{Bmatrix}$$

$$B_4 = (0.171, 0.286, 0.393, 0.130, 0.02)$$

从 B_4 的数据我们可以看出，H 项目的社会承载力能力处于一般偏上的水平。如果按照最大隶属度原则，其最大隶属度为 0.393，对应的评价为"一般"。然而，评语为"高"的隶属度也相对比较高，为 0.286，因而，社会承载力对其的支持程度较好。

2. 一级指标的模糊综合评价

根据二级模糊综合评价中求出的 B_1、B_2、B_3、B_4，构造判断矩阵。

$$R = \begin{Bmatrix} 0.141 & 0.354 & 0.383 & 0.113 & 0.009 \\ 0.037 & 0.085 & 0.265 & 0.430 & 0.172 \\ 0.397 & 0.353 & 0.193 & 0.034 & 0.024 \\ 0.171 & 0.286 & 0.393 & 0.130 & 0.02 \end{Bmatrix}$$

从表 7 - 16 查得四个二级指标的权重，进行模糊综合评价。

$$B = (0.2624, 0.263, 0.1716, 0.3030) * \begin{Bmatrix} 0.141 & 0.354 & 0.383 & 0.113 & 0.009 \\ 0.037 & 0.085 & 0.265 & 0.430 & 0.172 \\ 0.397 & 0.353 & 0.193 & 0.034 & 0.024 \\ 0.171 & 0.286 & 0.393 & 0.130 & 0.02 \end{Bmatrix}$$

$$B = (0.167, 0.253, 0.323, 0.188, 0.058)$$

根据 B 所显示的数据，若是依据最大隶属度原则，0.323 为最大隶属度，其对应的评价评语为"一般"，这时候我们得出结论为：城市综合承载力对 H 项目的支持能力和水平为"一般"。然而，从 B 所显示的数据我们也可以发现，评语为"很高"和"高"的评价也有较高的隶属度，如果按照最大隶属度原则来进行评价，实际上就忽略了这些信息。这个时候，我们只利用了 B 中的最大隶属度就进行了判断，没有充分利用 B 所包括的其他的信息。为了充分利用 B 所包含的信息，本书对城市承载力对于 H 项目支持程度的评价等级给予一定的分值，如表 7 - 17 所示。

表 7 - 17　　　　　　城市承载力对 H 项目影响的评价等级对应的数值

等级	很高	高	一般	低	很低
数值段	(90, 100]	(70, 90]	(50, 70]	(30, 50]	(0, 30]
均值	95	80	60	40	15

由以上数据引入分数集：

$$C = (C_1, C_2, C_3, C_4, C_5)^T$$
$$C = (15, 40, 60, 80, 95)^T$$

这里我们用等级的中值作为评价集的数值，以避免最大最小值产生的误差。

因此，城市综合承载力对于 H 项目影响的综合评价可以用公式（7.2）来进行计算。

$$F = C * B \qquad\qquad (7.2)$$

其中，F 为综合评价分数；C 为评价等级分数集的转置矩阵；B 为模糊综合评价值。

为了更好地利用 B 中所提供的数据信息，本书利用公式（7.2）进行计算：

$$F = C * B = (95, 80, 60, 40, 15)^T * (0.167, 0.253, 0.323, 0.188, 0.058) = 63.88$$

上文用最大隶属度原则对于自然环境承载力、基础设施承载力、经济承载力和社会承载力的评价分别为"一般""低""很高""一般"，由于采用最大隶属度法进行综合评价时在主因素突出的情况下适用性较好，当评价的因素较多时，且因素之间的隶属度数值差距不大时，因素的承载力评价可用普通矩阵乘法（加权平均法）对于各个因素进行综合评价。其最大隶属度和加权评价法的对比，如表 7 - 18 所示。

表 7 - 18　　　　　　　H 项目承载力各因素的综合评价结果

指　　标	最大隶属度原则进行综合评价结果	加权评价法得分
自然环境承载力	一般	70
基础设施承载力	低	46
工程性基础设施承载力	低	45

指　　标	最大隶属度原则进行综合评价结果	加权评价法得分
社会性基础设施承载力	低	47
经济承载力	很高	80
社会承载力	一般	70
项目公益性	高	80
弱势群体	一般	61
综合承载力	一般	63

以上对 H 项目受承载力影响的数据进行了计算，下面将对这些数据进行分析，从而得出评价结论。

五、H 项目综合评价结果

通过以上数据分析可知 H 项目承载力总体水平不高，以下将对评价结果及其原因进行分析。

（一）H 项目承载力总体水平

城市综合承载力对 H 项目的支持能力综合得分为 63.88 分，查表 7-16 可以看出其所对应的评价等级为"一般"。城市综合承载力包括自然环境、基础设施、经济与社会四个维度的因素，H 项目的综合承载力不高的原因是由基础设施承载力不高所造成的，具体如图 7-3 所示。

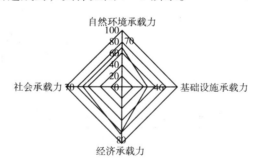

图 7-3　H 项目受城市承载力影响综合评价雷达图

从图 7-3 可以看出，城市经济承载力、城市自然环境和城市社会承载力对于 H 项目的支持程度都较好。H 项目的综合承载力较低是由基础设施承载力低所造成的。其工程性和社会性基础设施承载力按照最大隶属度原则评价结果都是"低",根据加权评价法进行评价得分分别为 45 分和 47 分。正是由于基础设施承载力水平较低,造成了整体承载力水平较低。在这种情况下,H 项目需要自建部分或者全部基础设施,弥补 H 项目基础设施不足的现象。

(二) H 项目受城市承载力影响的各因素评价结果

城市综合开发项目受到城市自然环境、城市基础设施、城市经济和社会承载力的综合影响,以下将对这四种承载力对 H 项目支持和影响程度的评价结果进行具体分析。

1. H 项目自然环境承载力评价结果

H 项目自然环境承载力综合得分为 70 分,综合承载能力较强。这主要是 H 项目不是工业项目,对自然资源的依赖程度不大,且对生态环境的破坏性影响较小。H 项目选址在自然生态环境较优越的地区,境内绿化和景观条件较好,并且 H 项目在规划和设计时充分利用了生态"绿廊",对于城市自然生态环境的破坏程度较小。

2. H 项目基础设施承载力评价结果

H 项目承载力水平较低主要是由于城市基础设施承载力对于项目的支持程度较低。这主要是由于 H 项目选址远离天津市中心城区,无论是工程性基础设施和社会性基础设施的承载能力都较低。同时,由于 H 项目规划 30 万人居住,对于基础设施配套的要求程度较高。在这样的情况下,得出承载能力只有 46 分的结论是不难理解的。

基础设施包括工程性基础设施和社会性基础设施,以下将对两类基础设施承载力评价结果进行论述。

(1) 工程性基础设施承载力。H 项目工程性基础设施承载力总体处于较低的水平,可以从图 7 – 4 看出。

工程性基础设施承载力水平较低,可以通过项目的自建来进行提升。因而,工程性基础设施建设是 H 项目建设范围的重要内容。

(2) 社会性基础设施承载力。H 项目的社会性基础设施承载力也处于一个较低的水平,这一点由图 7 – 5 可以看出。

从图 7 – 5 可见,商业金融、医疗卫生、文化娱乐和体育设施的承载力评分都比较低。其中体育设施的评分尤其低,只有 38 分。这是由于天津计划承

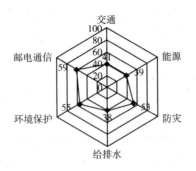

图7-4 H项目工程性基础设施承载力评价雷达图

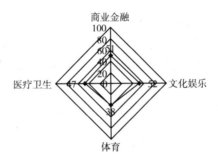

图7-5 H项目社会性基础设施承载力评价雷达图

办2012年大学生运动会，部分项目将在H项目规划区域内进行，对体育设施的需求程度比较大，从而造成体育设施承载力水平很低。

3. H项目经济承载力评价结果

H项目经济承载力评价综合评分为80分，处于一个较高的水平。这说明，天津城市经济规模、发展速度和经济结构不仅能够支持项目的建设，也能够支持项目的运营，不会出现承载力过剩类似的现象发生。

4. H项目社会承载力评价结果

H项目的社会承载力水平综合评分为70分，处于一般偏上的水平。H项目的公益化程度很高，因而公众对其支持程度处于一个较高的水平。需要注意的是，由于H项目用地范围较大，项目土地整理规模较大，仅一期土地整理范围就达到969公顷。在这个过程中，要关注对于弱势群体的补偿制度。避免由于征地拆迁所带来的社会承载力问题。

第四节　H 项目承载力的提升途径

通过对 H 项目受城市承载力的影响进行评价，得出了基础设施承载力不足的结论。因而 H 项目要增加工程性基础设施和社会性基础设施的建设，增加项目的范围，以弥补城市基础设施承载力的不足。本节将主要介绍 H 项目是如何通过项目范围的延伸来弥补城市基础设施承载力不足的。

一、H 项目项目群构成

由于基础设施承载力不足，H 项目要自建部分基础设施项目。因而，H 项目建设范围不仅包括高校设施的建设，还包括相关基础设施的建设和开发。H 项目的开发和建设涉及多个项目群，这些项目群共同完成 H 项目的各项功能。这些项目群包括土地整理、工程性基础设施和社会性基础设施以及经营性项目（群）四类。其项目群构成如图 7-6 所示。

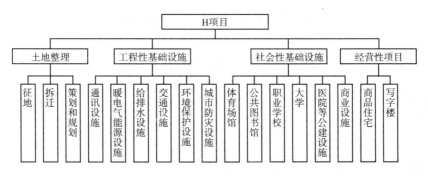

图 7-6　H 项目的项目群构成

从图 7-6 我们可以看出，H 项目由四大类项目群来构成，包括土地整理、工程性基础设施、社会性基础设施和房地产等纯经营性项目。之所以包括四类项目群以及各个项目群之间的逻辑关系如图 7-7 所示。

如图 7-7 所示，H 项目是大学城的开发和建设项目，其基本功能是保障 9 所大学能够正常运转，即规划中 30 万人能够正常的学习和生活。这些基本功能的实现需要相关城市基础设施进行配套。当城市基础设施承载力能够满足项目的需求时，项目可以正常的进行；当城市承载力不能够满足时，项目就需要自己建设基础设施。在本项目中，城市基础设施承载力不足以支持项目的建

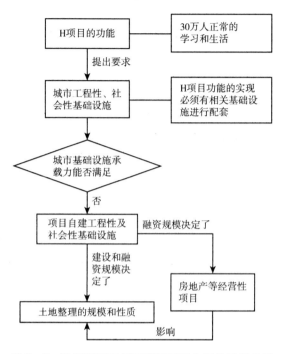

图 7 - 7   H 项目所包括四类项目群之间的逻辑关系

设和运营，因而 H 项目面临着许多基础设施自建的任务。同时，为了获得基础设施融资，H 项目在土地规划过程中预留了经营性地块，以经营性地块的土地出让收入来补偿基础设施建设的成本。这样，H 项目自建了项目所需的工程性基础设施和社会性基础设施，具体论述如下。

二、H 项目自建工程性基础设施以弥补承载力的不足

1. H 项目工程性基础设施承载力现状

依据表 7 - 15 中工程性基础设施的权重可以看出工程性基础设施对于 H 项目的正常运营是非常重要的，因而 H 项目对于工程性基础设施的要求较高。在 2007 年 H 项目建设之初，H 项目周边工程性基础设施薄弱，完全不能够满足 H 项目 30 万人的正常需求。有关 H 项目交通以及供水、排水、电力、通讯等工程性基础设施承载力的情况如表 7 - 19 和表 7 - 20 所示。

表 7 - 19　　　　　　　　**H 项目周边城市交通承载力现状**

道路设施	区域对外道路	津晋高速（H 项目规划区南侧边界，双向 4 车道），通往山西
		津歧公路（H 项目规划区东侧北部边界，双向 2 车道），通往河北
	市域对外道路	在建的津港高速公路（H 项目规划区中部，双向 6 车道）
		现状津港公路（H 项目规划区西南侧边界，双向 4 车道），连接中心城区与大港
		在建的天津大道（H 项目规划区北边界，双向 8 车道）
		现状津沽公路（H 项目规划区内东北部，双向 4 车道），连接中心城区与塘沽
		现状咸水沽外环西段（H 项目规划区东部）
		白万路（H 项目规划区中部南北向通道）
公交系统	津港公路 3 条	186（天津站—大港）
		659（白庙—大港）
		683（西北角—大港）
	津沽路 6 条	152（第五大街—小站）
		165（第五大街—葛沽）
		808（天津站—车张庄）
		652（鼓楼—大港）
		629（中心公园—葛沽）
		705（车张庄—西关西）

表 7 - 20　　　　　**H 项目周边排水、电力等工程性基础设施承载力现状**

供水设施	沿津沽公路现状敷设有 Φ800 输水管道，目前主要为咸水沽镇供水，供水量约 3 万立方米/日
排水设施	先锋排水河、大沽排水河为排水河道，主要承担城市排水的功能
	洪泥河为输水河道，平时主要承担排泄功能，引黄期间作为城市水源输水河道
	卫津河和幸福河为二级河道，主要承担排泄功能
	规划双林污水处理厂坐落在 H 项目规划区内，目前选址用地 50 公顷
电力设施	H 项目规划区西侧现状有双港 220 千伏变电站，规模 2 × 18 万千伏安
	目前规划蓟汕高速联络线正在选址建设白塘口 220 千伏变电站，规模 4 × 24 万千伏安
	H 项目规划区南部有 500 千伏电力高压走廊穿过，控制宽度 75m（规划已调到区外）
	H 项目规划区内西南部有 2 回 110 千伏电力高压走廊穿过，控制宽度 40m

通信设施	H 项目规划区以西双港镇现状有电话局 1 座，交换机容量 2 万门
	H 项目规划区以东咸水沽镇现状有电话局 1 座，交换机容量 20 万门
燃气设施	沿津沽公路现状敷设有大港至中心城区 Φ400 高压燃气管道，运行压力 0.8MP
供热设施	本地区目前无供热设施，周边城区供热现状主要采用建设燃煤锅炉房形式解决

2. H 项目自身工程性基础设施的建设

由于城市工程性基础设施承载力对 H 支持能力不足，因而 H 项目自身建设了交通、给排水等多项基础设施项目建设。这些基础设施包括道路工程、交通市政设施、河道水系工程和环境绿化工程等，具体工程性基础设施建设如表 7-21 所示。

表 7-21   **H 项目工程性基础设施建设范围**

基础设施类型	基础设施建设内容
交通基础设施	1. 共涉及 23 条道路，总长约 47 公里，其中主干路 5 条，红线宽 35 米；次干路 9 条，红线宽 25 米；支路 9 条，红线宽 15 米。交通综合枢纽 1 座、公交首末站 3 座、公共停车场约 1 万平方米 2. 排水、给水、中水、燃气、热力、电力、通讯、路灯、绿化和交通设施等配套工程随道路工程一并实施 3. 中心城区地铁 6 号线、海河中游 1 号线和市域轨道 1 号线 3 条地铁线
能源基础设施	加油加气站 2 座、燃气调压站 2 座、燃煤锅炉房 1 座和智能管理系统等
给排水基础设施	雨水泵站 3 座、给水泵站 1 座、污水泵站 1 座
防灾基础设施	无
环境保护基础设施	1. 建设防护和公共绿地约 336 万平方米及环境设计等工程内容 2. 部分现状河道治理工程、新建水系、水循环系统及沿河绿化等工程，整治改造河道约 14 公里，新建河道约 20 公里
通讯基础设施	建立了多座通讯基站

三、H 项目自建社会性基础设施项目以弥补承载力不足

城市社会性基础设施承载力对 H 项目的支持能力打分为 47 分，承载力水平低。因而，项目自建了社会性基础设施项目，主要包括园区管理中心、公共图书馆和职业教育国际交流中心，以及体育场、体育馆、游泳馆和公共实训中心等大型公共配套建筑，总建筑面积约 22.5 万平方米。其社会性基础设施建

设，如表 7－22 所示。

表 7－22　　　　　　　　　**H 项目社会性基础设施建设范围**

社会性基础设施类型	社会性基础设施建设内容
商业金融基础设施	在绿廊的南边建设为服务中心。包括共享的学者村、学生活动中心、商业街区等。这些设施和街区共同组成商业和金融服务的中心
文化娱乐基础设施	生态绿廊中轴线布置共享的公共设施。绿廊的最北边为文化中心
体育基础设施	体育中心位于绿廊的中间。共包括体育场、体育馆和游泳馆 1. 体育场。总建筑面积约 4.5 万平方米，容纳观众 3 万名。2012 年全国大学生运动会要求体育场定位为田径赛场，在满足要求的前提下，考虑设置室内田径场地、健身中心、商业设施，满足竞技赛事、学校集会和商业演出等功能 2. 体育馆。总建筑面积约 2 万平方米，容纳观众 5 千名（其中设置 1000～1500 个活动座位）。2012 年全国大学生运动会要求体育馆定位为健美操赛场，考虑适当提高标准，综合场地使用功能，并作为承办天津市及全国的职业技能大赛的会场 3. 游泳馆。总建筑面积约 2 万平方米，容纳观众 1500 名。2012 年全国大学生运动会要求体育馆定位为游泳赛场，容纳观众 1500 名
医疗卫生设施	无

从以上分析我们可以看出，由于城市基础设施承载力不能够支持 H 项目的建设和运营，H 项目采用了提高城市承压系统承载力的提升途径，扩大 H 项目建设范围，增加了大量的工程性基础设施和社会性基础设施配套，基本能够满足 H 项目学生和教师的使用需求。但是在后期的建设过程中，要增加医疗卫生设施的建设。

本章以 H 项目为例，对于 H 项目是否能够弥补城市承载力进行了决策 0－1 评价，并分析了 H 项目受城市承载力的影响。H 项目能够弥补天津城市职业教育资源承载力不足，因而项目的建设是可行性的，应该得到批准。同时，运用模糊综合评价法对 H 项目受城市承载力的影响进行了综合评价，得出了 H 项目承载力水平较低。通过进一步的分析，发现 H 项目承载力综合评价不高主要是由城市基础设施承载力不足所造成的。在这种情况下，需要 H 项目增加工程性基础设施和社会性基础设施的建设。通过对 H 项目的调研发现，H 项目建设范围确实包括诸多基础设施建设，从而弥补了城市基础设施承载力的不足。

第五节 案例研究结论

本章以 H 项目为例验证了本书所构建的城市综合开发项目承载力评价模型的有效性。案例研究结果表明，城市综合开发项目承载力评价模型具有较好的操作性，能够比较准确地评价城市综合开发项目对承载力的贡献及其受城市承载力的影响。评价模型的验证包括 3 个方面内容，论述如下。

1. 验证了城市综合开发项目 0－1 评价模型的实用性

是否能够弥补城市承载力缺口是城市综合开发项目 0－1 评价的一个基本准则。通过对 H 项目进行 0－1 评价分析，较好的验证了本书所构建的基于对承载力贡献的城市综合开发项目 0－1 评价的评价流程及方法的科学性和实用性。

2. 验证了城市承载力对综合开发项目影响的评价指标体系的有效性

本书选取了 H 项目这个目前已经建设完毕的项目进行案例分析是为了验证指标体系的完善性和科学性。通过对比项目决策与实际运行的状况，能够及时发现指标体系里没有涉及而实际运营中出现的问题，从而完成对于指标的完善。本书通过对 H 项目的分析，较好地论证了指标体系的完整性和科学性。

3. 验证了评价方法选择的科学性和合理性

由于城市开发项目承载力判断标准的模糊性，本书选取了模糊综合评价法来对四个维度的指标进行综合评价。本章运用问卷调查法获得了城市承载力对于 H 项目影响和支持程度的数据，通过对于数据的模糊合成，发现评价结果与 H 项目的实际情况是统一的，从而有效论证了本评价方法的合理性。

第八章 研究结论与展望

本章将对本书的研究结论进行总结，并提出了本书存在的不足，对后续研究提出了建议和展望。

第一节 研究的主要结论及其创新点

城市综合开发项目与城市的发展有着密切的关系，有力地推动了城市化进程地加快，并提升改变了城市的综合承载力。同时，城市综合开发项目在建设和开发的过程中又受到城市综合承载力的影响和制约，在项目的决策阶段，就需要综合评价城市综合开发项目是否能够弥补城市承载力缺口，同时还要评价城市开发项目对城市综合承载力的需求及满足程度，能够及时更改项目方案，从而不超过城市自然环境、基础设施、经济和社会承载力的阈值。

一、研究的主要结论

本书在对城市综合开发项目与城市承载力双向关系的研究后，得出以下主要结论。

（一）能够弥补城市综合承载力缺口是城市综合开发项目 0 - 1 评价的基本准则

城市化的进程的加快对提升城市综合承载力提出了严峻的挑战。为了能够应对城市人口增加和居民生活水平的不断提高，要求城市的自然资源和环境、城市的基础设施、城市的经济和社会承载力不断提升。城市综合承载力的提升需要一系列项目去实现，城市综合开发项目是弥补承载力缺口、提升城市综合承载力水平的重要途径。然而，当前城市承载力经常出现"承载力不足"与"承载力过剩"同时并存的现象，这种现象的出现与城市综合开发项目在决策评价时忽略其对城市承载力的作用和贡献是直接联系的。在决策评价阶段，要分析城市承载力的缺口、分析城市综合开发项目是否能够弥补城市承载力的缺口，只有能够弥补城市综合承载力缺口的项目才得以实施，才能够切实提高城市综合承载力，有效利用城市的有限资源。

（二）城市综合开发项目的成功度受到城市自然环境、基础设施、经济和社会承载力的影响和制约

城市综合开发项目在建设和运营过程中受到城市自然环境、基础设施、经济和社会承载力的影响和制约。在项目的前期，要综合评价城市综合开发项目受城市综合承载力的影响和制约因素，全面衡量城市承载力对于城市综合开发项目的支持程度。若存在承载力不足的现象，则需要修改项目方案。本书在文献调研的基础上，通过案例调研和问卷调查等实证分析，构建了城市综合承载力对城市综合开发项目影响的评价指标体系。运用评价指标体系能够对城市承载力对城市综合开发项目的影响进行科学的评价。

（三）城市综合开发项目承载力提升有降低压力和提高承压系统能力两条途径

城市综合开发项目的功能的实现必须有城市自然环境、基础设施、经济和社会承载力的支持，当城市承载力不足以支持项目的建设和运营时，就需要提升城市综合开发项目的承载力水平。本书从承载力的基本原理入手，提出可以从提升承压系统承压能力和降低压力源的压力两个途径来提升承载力，并具体分析了城市自然环境、基础设施、经济和社会承载力不足时不同的提升途径。在城市自然环境、经济和社会承载力不足时，只能通过降低开发项目对承载系统的压力来达到承载，若无视承载力不足的客观事实而不对项目方案等进行修改，会给城市自然环境、经济或社会稳定带来诸多问题，同时也会影响项目的正常建设和运营。而城市基础设施的不足，可以通过城市开发项目自建来提高基础设施的配套能力，从而提高项目的成功度。

二、研究的创新点

本书在城市综合开发项目与承载力关系评价上形成了创新的研究成果，论述如下：

（一）研究并构建了城市综合开发项目与城市承载力双向关系的评价模型

城市综合开发项目是提升、弥补城市承载力的重要途径，在项目 0－1 评价时，要综合评价城市综合承载力缺口的大小，是否能够弥补承载力缺口是城市综合开发项目批准与否的基本准则。同时，本书通过问卷分析论证了城市综合开发项目受到现有城市承载力水平的影响和制约。本书构建了城市综合开发项目受城市自然环境、基础设施、经济和社会承载力影响的指标体系和综合评价方法。双向关系评价模型的构建，在城市管理层面能够提高城市的综合承载力水平；在项目管理层面能够避免城市综合开发项目出现的各种问题，提高项目绩效。

（二）构建了全新的城市综合开发项目受城市承载力影响和制约的评价指标体系

本书通过文献调研、案例调研和问卷调研的方法，构建了城市综合开发项目受城市承载力影响和制约的评价指标体系。该指标体系包括城市自然环境、城市基础设施、城市经济和城市社会承载力四个维度。在项目的前期对城市综合开发项目受城市承载力影响和制约因素及其制约程度进行评价，能够识别影响项目成功的因素，进行必要的改善，从而能够提高项目的成功度。

（三）提出了城市承载力不足以支持项目的建设和运营的两种提升途径

承载力内涵包括压力和承压系统两个方面，是否在承载范围内，不仅要看承压系统的承压能力，也要看压力源所产生压力的大小。本书提出了城市承载力不足以支持项目的建设和运营的两种提升途径。第一，是积极地提高承压系统的承载能力，主要适用于基础设施承载力不足的情况。第二，是被动地适应目前的承载力现状，降低项目规模，或者另行选址。城市自然环境、城市经济和社会的承载力不足以支持项目的建设和运营时，城市综合开发项目就需要修改项目方案，降低项目对于城市承载系统的压力，适应承载力的现状，从而实现不超过承载范围的目的。

第二节　研究不足和展望

本节对于本书的研究不足和后续研究进行论述和分析。

一、研究不足

本书利用文献调研、理论推演和实证研究的方法研究了基于承载力的城市综合开发项目评价模型和方法，通过这种模型方法在对 H 项目的应用过程中取得了良好的效果。然而，由于客观条件所限，本书在研究过程中仍存在以下研究的不足。

（一）城市综合开发项目对于城市承载力贡献的定量研究不足

是否能够弥补城市承载力缺口是城市综合开发项目 0-1 评价的基本准则。本书构建了城市综合开发项目对于城市承载力贡献评价的基本流程，但是对于城市综合开发项目对城市承载力贡献的定量研究不足。城市承载力缺口的大小以及城市综合开发项目在多大程度上能够弥补这个缺口，本书对于这样的定量分析没有涉及。

（二）有关案例研究的样本选择的问题

案例研究是本书一个重要的研究方法，本书在一级指标体系的实证分析中通过对城市综合开发项目出现的问题进行调研和分析，从而有效论证了一级指标体系构建的科学性。在本书的结尾，用 H 项目对于本书的研究结论进行了验证分析。因而，案例选取的科学性和有效性直接影响和决定了研究结论的科学性和有效性。本书在对案例进行选择时尽量做到了案例的普遍性，对于不同类型、不同地区、不同规模的案例都有所涉及，但是由于研究资源的限制，只对天津市的案例进行了实地走访调研，对于天津市以外的案例，都是通过网上调研的形式。案例研究的不足需要在后续研究中补足，能够充实案例实地调研的内容，从而能够更好地验证或者修正本书的结论。

（三）有关评价因素和指标有效性的科学检验问题

本书在一级指标的构建过程中用了文献综述和实证分析相结合的方法，有效地证明了一级指标的内容效度。然而在二级指标及三级指标的构建过程中，由于相关文献较少，更多地使用了规范研究方法，尽管本书使用 H 项目检验了指标的有效性，然而，单案例的检验是不够的，该评价指标体系的科学性和有效性还有待于更多评价实践的检验和修正。

二、研究的展望

针对本书的不足，作者对于本书的后续研究建议如下：

（一）基于城市承载力贡献的城市综合开发项目 0-1 评价的定量研究

能够弥补承载力缺口是城市综合开发项目得以启动的基本准则。然而，在项目评价的实践过程中，承载力的缺口有多大，城市综合开发项目能否弥补这个缺口以及能够在多大程度上弥补这个缺口对于项目规模和范围的确定是非常重要的。后续的研究可以在这个方面进一步开展。

（二）评价指标的科学性有待进一步的检验

本书基于城市承载力理论，为城市综合开发项目评价开拓了新的视角，构建了城市综合开发项目承载力评价的指标。然而，该指标体系的科学性有待在理论研究和实践过程中进一步检验和修正。后续更多的案例样本和有效数据能够不断充实和发展城市综合开发项目承载力评价的体系。

附　　录

附录1　城市综合开发项目成功度受城市承载力
影响指标的调查问卷

　　您好！非常感谢您对本次问卷调查的支持和配合！本问卷调查是旨在构建城市承载力对于城市综合开发项目的影响和制约的评价指标，从而指导城市综合开发项目的实践。

　　本问卷中的城市承载力是指城市自然生态、基础设施、公共设施以及社会经济对于城市综合开发项目的支持能力。城市综合开发项目的成功的建设和运营受到城市综合承载力的影响和制约。例如，大学城经常出现交通不便的现象，不足以支撑大学城居民的正常出行，这就是城市交通承载力不足所造成的，也就是指城市综合开发项目受交通承载力的影响和制约。本问卷旨在识别出城市综合开发项目受城市承载力制约的关键因素，请您依据自己的经验对以下因素对综合开发项目成功建设和运营的重要程度给予判断，在对应的地方打√。

　　本问卷所有问题只需依照真实情况及其工作经验作答即可，所有信息仅供学术研究使用。对您的合作表示真挚的感谢！

南开大学项目管理中心

联系人：李艳飞

E-mail：liyanfei_1977@163.com

一、答卷人信息

1. 您目前的职业

A. 建设项目决策和策划　　　　　　　B. 城市策划规划

C. 建设项目专业技术　　　　　　　　D. 项目管理

E. 项目咨询　　　　　　　　　　　　F. 其他

2. 您现在从事的职业及其相关行业的时间

A. ≤3 年　　　　B. 4~10 年　　　　C. 11~15 年　　　　D. >15 年

3. 您近年来所参与的城市综合开发项目（例如大学城、科技园、城市的大型交通枢纽工程、城市新的功能区的建设、城市旧城的改造、城市大型的基础设施建设等）数量？

A. 0 个　　　　　B. 1~3 个　　　　C. 4~6 个　　　　D. 7 个以上

4. 您所参与的城市建设综合开发项目包括

A. 大学城　　　　　　　　　　B. 经济技术开发区

C. 交通等基础设施的建设与开发　　D. 城市旧城改造

E. 其他（　　　）

二、城市综合开发项目受城市承载力制约的关键因素重要性评价

指标及其说明	极其重要	非常重要	比较重要	一般	不重要
自然环境承载力	重要性高→重要性低				
土地资源承载力	5	4	3	2	1
水资源承载力	5	4	3	2	1
城市或者区域自然生态承载力（项目的建设是否会对城市生态环境造成不可逆的影响）	5	4	3	2	1
城市基础设施承载力					
工程性基础设施	重要性高→重要性低				
城市交通基础设施承载力（项目周边地铁、公路、公交线路、停车设施等）	5	4	3	2	1
城市能源基础设施承载力（能源设施包括电力、暖气和煤气设施）	5	4	3	2	1
城市防灾基础设施承载力（防灾设施包括人防设施等）	5	4	3	2	1
城市给排水基础设施承载力（包括供水和排水）	5	4	3	2	1
城市环境保护基础设施（园林、绿化等）承载力	5	4	3	2	1
城市邮电通讯基础设施承载力	5	4	3	2	1
社会性基础设施	重要性高→重要性低				
行政办公基础设施承载力	5	4	3	2	1
商业金融基础设施承载力	5	4	3	2	1
文化娱乐基础设施承载力	5	4	3	2	1
体育基础设施承载力	5	4	3	2	1
医疗卫生设施承载力	5	4	3	2	1
教育科研设施承载力	5	4	3	2	1

续表

研究结论	极其重要	非常重要	比较重要	一般	不重要
城市经济承载力	重要性高→重要性低				
城市的经济规模对综合开发项目的支持程度（包括 GDP 总量、人均 GDP、城市的财政收入总量、人均财政收入）	5	4	3	2	1
城市的经济发展速度对综合开发项目的支持程度	5	4	3	2	1
城市的经济发展结构对项目的支持程度（经济发展结构是指三次产业的比重及其规模）	5	4	3	2	1
城市社会承载力					
项目的公益性程度	重要性高→重要性低				
项目在多大程度上具有公益性	5	4	3	2	1
社会公众对项目的理解和支持程度	5	4	3	2	1
项目对弱势群体的关注度	重要性高→重要性低				
因项目而受损失的公众的数量	5	4	3	2	1
公众损失利益的大小	5	4	3	2	1
受损失公众的影响力大小	5	4	3	2	1
受损失公众对补偿措施的满意程度	5	4	3	2	1

三、除了以上指标，您认为还有其他指标的补充

1. 指标名称＿＿＿＿＿＿　　指标解释＿＿＿＿＿＿

指标重要程度：极其重要□　　非常重要□　　比较重要□

2. 指标名称＿＿＿＿＿＿　　指标解释＿＿＿＿＿＿

指标重要程度：极其重要□　　非常重要□　　比较重要□

附录 2 H 项目访谈调查提纲

访谈人 _____

被访谈人_____

被访谈人职位_____

被访谈人参与项目情况_____

1. 请您简单介绍 H 项目？

2. H 项目的主要参与者有哪些？请简要介绍这些参与者在其中的地位和作用。

3. H 项目提出的目的是什么？

4. 请简单介绍 H 项目的决策过程。

5. 请简单介绍 H 项目的整体规划。

6. H 项目在决策时对哪些内容进行了评价？是如何进行评价的？

7. H 项目在决策阶段是否考虑过自然环境对其的影响和制约？

8. H 项目在决策阶段是否考虑过交通等基础设施对其的影响？

9. H 项目在决策阶段是否考虑过城市经济对其的影响和制约？

10. H 项目在决策阶段是否考虑过社会结构、社会关系和社会文化对其的影响和制约？

11. H 项目在建设和运营的过程中遇到的主要困难和问题有哪些？面对这些问题采取了怎样的应对办法？

12. H 项目的成功经验有哪些？

附录3 城市承载力对城市综合开发项目影响指标权重确定调查问卷

尊敬的答卷者，您好！

为保障城市综合开发项目的成功建设和运营，通常要考虑自然、基础设施、经济和社会承载力对项目的支持程度。请您从对项目建设和运营成功的重要程度两两比较以下指标，结合 H 项目，做出您的判断，在适当的地方打钩。

一、一级指标两两比较

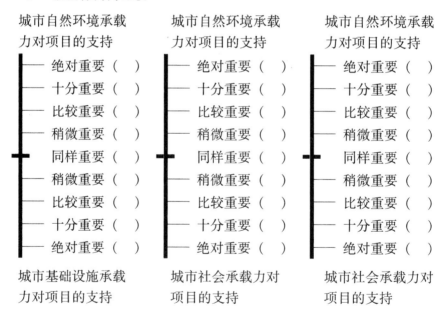

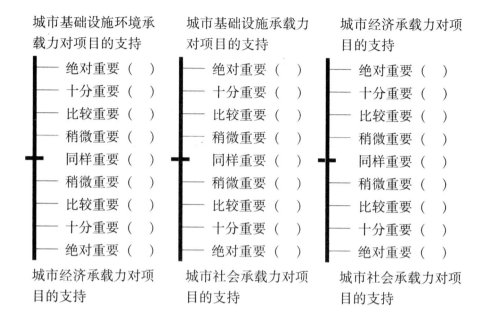

城市基础设施环境承载力对项目的支持

├─ 绝对重要 （　）
├─ 十分重要 （　）
├─ 比较重要 （　）
├─ 稍微重要 （　）
┼─ 同样重要 （　）
├─ 稍微重要 （　）
├─ 比较重要 （　）
├─ 十分重要 （　）
└─ 绝对重要 （　）

城市经济承载力对项目的支持

城市基础设施承载力对项目的支持

├─ 绝对重要 （　）
├─ 十分重要 （　）
├─ 比较重要 （　）
├─ 稍微重要 （　）
┼─ 同样重要 （　）
├─ 稍微重要 （　）
├─ 比较重要 （　）
├─ 十分重要 （　）
└─ 绝对重要 （　）

城市社会承载力对项目的支持

城市经济承载力对项目的支持

├─ 绝对重要 （　）
├─ 十分重要 （　）
├─ 比较重要 （　）
├─ 稍微重要 （　）
┼─ 同样重要 （　）
├─ 稍微重要 （　）
├─ 比较重要 （　）
├─ 十分重要 （　）
└─ 绝对重要 （　）

城市社会承载力对项目的支持

二、二级及三级指标两两比较

1. 自然环境承载力

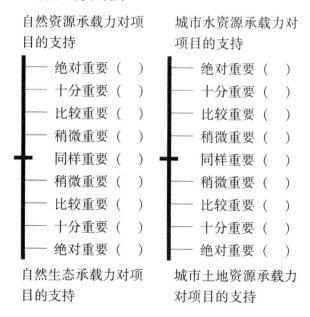

自然资源承载力对项目的支持

├─ 绝对重要 （　）
├─ 十分重要 （　）
├─ 比较重要 （　）
├─ 稍微重要 （　）
┼─ 同样重要 （　）
├─ 稍微重要 （　）
├─ 比较重要 （　）
├─ 十分重要 （　）
└─ 绝对重要 （　）

自然生态承载力对项目的支持

城市水资源承载力对项目的支持

├─ 绝对重要 （　）
├─ 十分重要 （　）
├─ 比较重要 （　）
├─ 稍微重要 （　）
┼─ 同样重要 （　）
├─ 稍微重要 （　）
├─ 比较重要 （　）
├─ 十分重要 （　）
└─ 绝对重要 （　）

城市土地资源承载力对项目的支持

2. 基础设施承载力

交通基础设施承载力
对项目的支持

— 绝对重要 （　）
— 十分重要 （　）
— 比较重要 （　）
— 稍微重要 （　）
— 同样重要 （　）
— 稍微重要 （　）
— 比较重要 （　）
— 十分重要 （　）
— 绝对重要 （　）

能源基础设施承载力
对项目的支持

交通基础设施承载力
对项目的支持

— 绝对重要 （　）
— 十分重要 （　）
— 比较重要 （　）
— 稍微重要 （　）
— 同样重要 （　）
— 稍微重要 （　）
— 比较重要 （　）
— 十分重要 （　）
— 绝对重要 （　）

防灾基础设施承载力
对项目的支持

交通基础设施承载力
对项目的支持

— 绝对重要 （　）
— 十分重要 （　）
— 比较重要 （　）
— 稍微重要 （　）
— 同样重要 （　）
— 稍微重要 （　）
— 比较重要 （　）
— 十分重要 （　）
— 绝对重要 （　）

给排水设施承载力对
项目的支持

交通基础设施承载力
对项目的支持

— 绝对重要 （　）
— 十分重要 （　）
— 比较重要 （　）
— 稍微重要 （　）
— 同样重要 （　）
— 稍微重要 （　）
— 比较重要 （　）
— 十分重要 （　）
— 绝对重要 （　）

环境保护基础设施承
载力对项目的支持

交通基础设施承载力
对项目的支持

— 绝对重要 （　）
— 十分重要 （　）
— 比较重要 （　）
— 稍微重要 （　）
— 同样重要 （　）
— 稍微重要 （　）
— 比较重要 （　）
— 十分重要 （　）
— 绝对重要 （　）

邮电通讯设施承载力
对项目的支持

能源基础设施承载力
对项目的支持

— 绝对重要 （　）
— 十分重要 （　）
— 比较重要 （　）
— 稍微重要 （　）
— 同样重要 （　）
— 稍微重要 （　）
— 比较重要 （　）
— 十分重要 （　）
— 绝对重要 （　）

防灾基础设施承载力
对项目的支持

能源基础设施承载力
对项目的支持

├── 绝对重要 （　）
├── 十分重要 （　）
├── 比较重要 （　）
├── 稍微重要 （　）
┼── 同样重要 （　）
├── 稍微重要 （　）
├── 比较重要 （　）
├── 十分重要 （　）
└── 绝对重要 （　）

给排水基础设施承载
力对项目的支持

能源基础设施承载力
对项目的支持

├── 绝对重要 （　）
├── 十分重要 （　）
├── 比较重要 （　）
├── 稍微重要 （　）
┼── 同样重要 （　）
├── 稍微重要 （　）
├── 比较重要 （　）
├── 十分重要 （　）
└── 绝对重要 （　）

环境保护基础设施承
载力对项目的支持

能源基础设施承载力
对项目的支持

├── 绝对重要 （　）
├── 十分重要 （　）
├── 比较重要 （　）
├── 稍微重要 （　）
┼── 同样重要 （　）
├── 稍微重要 （　）
├── 比较重要 （　）
├── 十分重要 （　）
└── 绝对重要 （　）

邮电通讯基础设施承
载力对项目的支持

防灾基础设施承载力
对项目的支持

├── 绝对重要 （　）
├── 十分重要 （　）
├── 比较重要 （　）
├── 稍微重要 （　）
┼── 同样重要 （　）
├── 稍微重要 （　）
├── 比较重要 （　）
├── 十分重要 （　）
└── 绝对重要 （　）

给排水基础设施承载
力对项目的支持

防灾基础设施承载力
对项目的支持

├── 绝对重要 （　）
├── 十分重要 （　）
├── 比较重要 （　）
├── 稍微重要 （　）
┼── 同样重要 （　）
├── 稍微重要 （　）
├── 比较重要 （　）
├── 十分重要 （　）
└── 绝对重要 （　）

环境保护基础设施承
载力对项目的支持

防灾基础设施承载力
对项目的支持

├── 绝对重要 （　）
├── 十分重要 （　）
├── 比较重要 （　）
├── 稍微重要 （　）
┼── 同样重要 （　）
├── 稍微重要 （　）
├── 比较重要 （　）
├── 十分重要 （　）
└── 绝对重要 （　）

邮电通讯基础设施承
载力对项目的支持

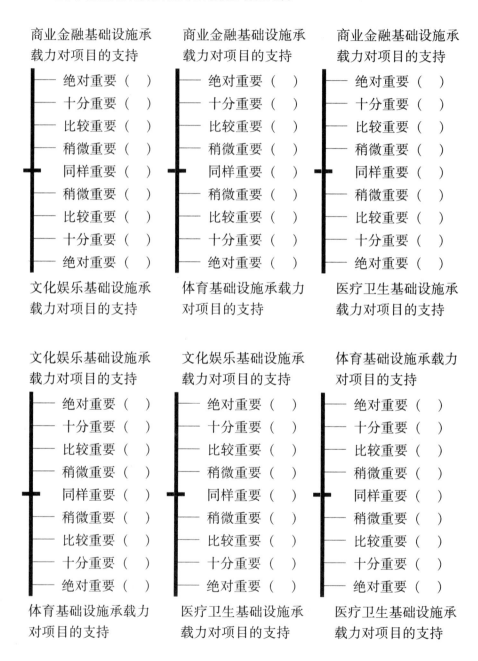

商业金融基础设施承载力对项目的支持

— 绝对重要 （　）
— 十分重要 （　）
— 比较重要 （　）
— 稍微重要 （　）
— 同样重要 （　）
— 稍微重要 （　）
— 比较重要 （　）
— 十分重要 （　）
— 绝对重要 （　）

文化娱乐基础设施承载力对项目的支持

商业金融基础设施承载力对项目的支持

— 绝对重要 （　）
— 十分重要 （　）
— 比较重要 （　）
— 稍微重要 （　）
— 同样重要 （　）
— 稍微重要 （　）
— 比较重要 （　）
— 十分重要 （　）
— 绝对重要 （　）

体育基础设施承载力对项目的支持

商业金融基础设施承载力对项目的支持

— 绝对重要 （　）
— 十分重要 （　）
— 比较重要 （　）
— 稍微重要 （　）
— 同样重要 （　）
— 稍微重要 （　）
— 比较重要 （　）
— 十分重要 （　）
— 绝对重要 （　）

医疗卫生基础设施承载力对项目的支持

文化娱乐基础设施承载力对项目的支持

— 绝对重要 （　）
— 十分重要 （　）
— 比较重要 （　）
— 稍微重要 （　）
— 同样重要 （　）
— 稍微重要 （　）
— 比较重要 （　）
— 十分重要 （　）
— 绝对重要 （　）

体育基础设施承载力对项目的支持

文化娱乐基础设施承载力对项目的支持

— 绝对重要 （　）
— 十分重要 （　）
— 比较重要 （　）
— 稍微重要 （　）
— 同样重要 （　）
— 稍微重要 （　）
— 比较重要 （　）
— 十分重要 （　）
— 绝对重要 （　）

医疗卫生基础设施承载力对项目的支持

体育基础设施承载力对项目的支持

— 绝对重要 （　）
— 十分重要 （　）
— 比较重要 （　）
— 稍微重要 （　）
— 同样重要 （　）
— 稍微重要 （　）
— 比较重要 （　）
— 十分重要 （　）
— 绝对重要 （　）

医疗卫生基础设施承载力对项目的支持

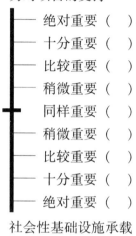

工程性基础设施承载
力对项目的支持

　　—— 绝对重要　（　　）

　　—— 十分重要　（　　）

　　—— 比较重要　（　　）

　　—— 稍微重要　（　　）

　　—— 同样重要　（　　）

　　—— 稍微重要　（　　）

　　—— 比较重要　（　　）

　　—— 十分重要　（　　）

　　—— 绝对重要　（　　）

社会性基础设施承载
力对项目的支持

3. 经济承载力

经济规模对项目的 支持	经济规模对项目的 支持	经济发展速度对项 目的支持
—— 绝对重要　（　　）	—— 绝对重要　（　　）	—— 绝对重要　（　　）
—— 十分重要　（　　）	—— 十分重要　（　　）	—— 十分重要　（　　）
—— 比较重要　（　　）	—— 比较重要　（　　）	—— 比较重要　（　　）
—— 稍微重要　（　　）	—— 稍微重要　（　　）	—— 稍微重要　（　　）
—— 同样重要　（　　）	—— 同样重要　（　　）	—— 同样重要　（　　）
—— 稍微重要　（　　）	—— 稍微重要　（　　）	—— 稍微重要　（　　）
—— 比较重要　（　　）	—— 比较重要　（　　）	—— 比较重要　（　　）
—— 十分重要　（　　）	—— 十分重要　（　　）	—— 十分重要　（　　）
—— 绝对重要　（　　）	—— 绝对重要　（　　）	—— 绝对重要　（　　）
经济发展速度对项 目的支持	经济发展结构对项 目的支持	经济发展结构对项 目的支持

4. 社会承载力

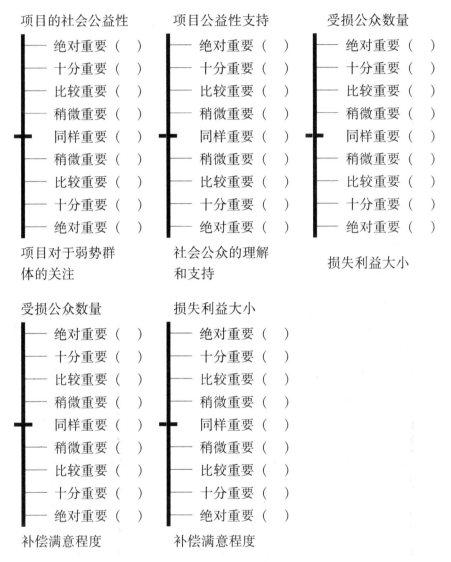

项目的社会公益性

—— 绝对重要 （　）
—— 十分重要 （　）
—— 比较重要 （　）
—— 稍微重要 （　）
—— 同样重要 （　）
—— 稍微重要 （　）
—— 比较重要 （　）
—— 十分重要 （　）
—— 绝对重要 （　）

项目对于弱势群
体的关注

项目公益性支持

—— 绝对重要 （　）
—— 十分重要 （　）
—— 比较重要 （　）
—— 稍微重要 （　）
—— 同样重要 （　）
—— 稍微重要 （　）
—— 比较重要 （　）
—— 十分重要 （　）
—— 绝对重要 （　）

社会公众的理解
和支持

受损公众数量

—— 绝对重要 （　）
—— 十分重要 （　）
—— 比较重要 （　）
—— 稍微重要 （　）
—— 同样重要 （　）
—— 稍微重要 （　）
—— 比较重要 （　）
—— 十分重要 （　）
—— 绝对重要 （　）

损失利益大小

受损公众数量

—— 绝对重要 （　）
—— 十分重要 （　）
—— 比较重要 （　）
—— 稍微重要 （　）
—— 同样重要 （　）
—— 稍微重要 （　）
—— 比较重要 （　）
—— 十分重要 （　）
—— 绝对重要 （　）

补偿满意程度

损失利益大小

—— 绝对重要 （　）
—— 十分重要 （　）
—— 比较重要 （　）
—— 稍微重要 （　）
—— 同样重要 （　）
—— 稍微重要 （　）
—— 比较重要 （　）
—— 十分重要 （　）
—— 绝对重要 （　）

补偿满意程度

附录4　H项目受城市综合承载力影响和制约程度的模糊综合评价调查问卷

您好！非常感谢您对本次问卷调查的支持和配合！

H项目作为大型的城市综合开发项目受到城市自然环境、基础设施及公共设施、城市经济和社会等综合承载力的影响和制约。例如，大学城经常出现交通不便的现象，不足以支撑大学城居民的正常出行，这就是城市交通承载力不足所造成的，也就是指城市综合开发项目受交通承载力的影响和制约。

请您回想H项目在最初策划阶段，城市的自然环境、基础设施及公共设施、城市经济和社会对其的支持和承载水平，对照评语【很高、高、一般、低、很低】，在对应的地方打√。

本问卷所有问题只需依照真实情况及其工作经验作答即可，所有信息仅供学术研究使用。对您的合作表示真挚的感谢！

南开大学项目管理中心

联系人：李艳飞

E-mail：liyanfei_1977@163.com

一、在H项目决策和策划之初，自然承载力对H项目的影响

1. 城市自然土地资源对H项目的支持程度是

【很高、高、一般、低、很低】

2. 城市自然水资源对H项目的支持程度是

【很高、高、一般、低、很低】

3. 城市自然生态对H项目的支持程度（即H项目的建设是否会对城市或区域生态造成不可逆转的影响）

【很高、高、一般、低、很低】

二、在H项目决策和策划之初，基础设施承载力对H项目的影响

（一）工程性基础设施

1. H项目周边交通基础设施承载力对项目的支持程度（即项目周边地铁、

公路、公交线路、停车设施等对项目正常建设和运营的支持程度）

【很高、高、一般、低、很低】

2. H 项目周边能源基础设施（能源设施包括电力、暖气和煤气设施）对项目的支持程度

【很高、高、一般、低、很低】

3. H 项目周边防灾基础设施（防灾设施包括人防设施等）对项目的支持程度

【很高、高、一般、低、很低】

4. H 项目周边给排水基础设施（包括供水和排水）承载力对项目的支持程度（包括供水和排水）

【很高、高、一般、低、很低】

5. H 项目周边环境保护基础设施（污水处理等）承载力对项目的支持程度

【很高、高、一般、低、很低】

6. H 项目周边邮电通讯基础设施承载力对项目的支持程度

【很高、高、一般、低、很低】

（二）社会性基础设施

1. H 项目周边商业金融基础设施承载力对项目的支持程度

【很高、高、一般、低、很低】

2. H 项目周边文化娱乐基础设施承载力对项目的支持程度

【很高、高、一般、低、很低】

3. H 项目周边体育基础设施承载力对项目的支持程度

【很高、高、一般、低、很低】

4. H 项目周边医疗卫生设施承载力对项目的支持程度

【很高、高、一般、低、很低】

三、在 H 项目决策和策划之初，城市的经济承载力对 H 项目的影响

1. 城市的经济规模（包括 GDP 总量、人均 GDP、城市的财政收入总量、人均财政收入）对 H 项目的支持程度

【很高、高、一般、低、很低】

2. 城市的经济发展速度对 H 项目的支持程度

【很高、高、一般、低、很低】

3. 城市的经济发展结构（经济发展结构是指三次产业的比重及其规模）对项目的支持程度

【很高、高、一般、低、很低】

四、在 H 项目决策和策划之初，城市的社会承载力对 H 项目的影响

（一）项目的公益性

1. H 项目的公益性程度

【很高、高、一般、低、很低】

2. 社会公众对 H 项目的理解和支持程度

【很高、高、一般、低、很低】

（二）项目对于弱势群体的关注度

1. 因 H 项目而受损的公众的数量

【很多、多、一般、少、很少】

2. 因 H 项目受损公众损失利益的大小

【很大、大、一般、小、很小】

3. 受损公众对补偿措施的满意程度

【很高、高、一般、低、很低】

参 考 文 献

一、中文文献

[1] 毕岑岑，王铁宇，吕永龙．基于资源环境承载力的渤海滨海城市产业结构综合评价［J］．城市环境与城市生态，2011（4）：19－22.

[2] 边经卫．大型建设项目选址与城市规划管理［J］．规划师，2004（8），70－73.

[3] 边经卫．对城市开发与控制若干问题的思考［J］．规划管理，2004（7）：25－29.

[4] 蔡晓禹，杜豫川，孙立军．城市大型建设项目交通影响分析［J］．西部交通科技，2006（6）．

[5] 陈必壮等．虹桥综合交通枢纽的交通影响评价［J］．交通运输系统工程与信息，2009（12）：87－91.

[6] 陈芬．城市边缘区大学城建设与城市发展良性互动效应分析［J］．科协论坛，2011（9）：23－24.

[7] 陈克明，宁震霖．市场调查中样本容量的确定［J］．中国统计，2005（3）：16－17.

[8] 陈煊．城市更新过程中地方政府、开发商、民众的角色关系研究［D］．武汉：华中科技大学，2009.

[9] 陈燕凌等．交通影响评价与城市建设发展关系分析——以北京为例［J］．交通运输系统工程与信息，2009（12）：21－25.

[10] 陈应禄．南川区改造老城街道推进城市更新［J］．决策导刊，2010（9）：46－47.

[11] 陈英资．中国东北地区资源承载力研究［D］．长春：吉林大学，2009：4.

[12] 陈映芳．城市开发的正当性危机与合理性空间［J］．社会学研究，2008（3）：29－55.

［13］陈媛媛，朱跃钊，汪宵等．大学新校区建设项目社会影响的后评价主要指标的分析与构建［J］．价值工程，2008（5）：24－27．

［14］单樑．以开发项目为导向的城市设计策划研究［D］．哈尔滨：哈尔滨工业大学，2008．

［15］邓淑莲．中国基础设施的公共政策［M］．上海：上海财经大学出版社，2003：1－2．

［16］杜栋，庞庆华，吴炎．现代综合评价方法与案例精选（第2版）［M］．北京：清华大学出版社，2008．

［17］杜亚灵．基于治理的公共项目管理绩效改善研究［D］．天津：天津大学，2008．

［18］方莉，毛祖桓．我国大学城建设中的问题分析及政策建议［J］．北京教育，2006（2）：11－13．

［19］方莉，陶明法．我国大学城建设模式分析与思考［J］．上海理工大学学报（社会科学版），2006（3）：26－29．

［20］冯晓华，曹喧．城市经济承载力构成要素的比较分析［J］．学习与实践，2009（3）：160－163．

［21］弗雷德里克·哈里森，丹尼斯·洛克．高级项目管理［M］．操先良译．北京：经济管理出版社，2011．

［22］付磊．城市更新中的空间织补与保留——上海田子坊的空间形态与场所特质研究［J］．福建建筑，2011（5）：16－19．

［23］傅鸿源等．城市综合承载力研究综述［J］．城市问题，2009（5）：27－31．

［24］耿慧志．大都市中心区更新的理念与现实对策［J］．城市问题，2000（2）：6－9．

［25］管娟，郭玖玖．上海中心城区城市更新机制演进研究——以新天地、8号桥和田子坊为例［J］．上海城市规划，2011（4）：53－59．

［26］何树林，杨超．轨道交通对郊区大学城居民出行选择行为影响分析［J］．城市轨道交通研究，2011（3）：22－27．

［27］胡娟．旧城更新进程中的城市规划决策分析——以武汉汉正街为例［D］．武汉：华中科技大学，2010．

［28］胡紫月，蒋妮姗，李新．浅析工业园生态系统承载力评价指标的建立及其应用［J］．环境保护科学，2009（2）：121－123，129．

［29］黄良会. 香港城市交通影响评价实践及启示［J］. 城市交通, 2008 (2): 64-70, 75.

［30］杰克·梅雷迪思, 小塞缪尔·曼特尔. 项目管理: 管理新视角［M］. 戚安邦等译. 北京: 中国人民大学出版社, 2011.

［31］经伦. "城市开发"名义下的业主维权障碍解析［J］. 南京社会科学, 2011 (8): 67-71.

［32］赖寿华, 袁振杰. 广州亚运与城市更新的反思——以广州市荔湾区荔枝湾整治工程为例［J］. 规划师, 2010 (12): 16-21.

［33］赖一飞. 项目管理概论［M］. 北京: 清华大学出版社, 2011.

［34］李东序等. 城市综合承载力结构模型与耦合机制研究. 城市发展研究, 2008 (6): 37-42.

［35］李刚. 城市规划视角下的城市生态承载力指标体系［J］. 唐都学刊, 2009 (11).

［36］李国亮. 价值视角下城市更新与公共空间关系探讨［J］. 华中建筑, 2009 (9): 93-95.

［37］李家才. 城市开发与环境保护的巧妙结合［J］. 城市问题, 2009 (5): 82-86.

［38］李嘉莉, 陈汉云. 影响高密度城市的城市更新因素——以香港为例［J］. 城市观察, 2011 (2): 46-59.

［39］李峻峰. 大学城建设与城市可持续发展良性互动研究［J］. 华中科技大学学报 (城市科学版), 2007 (3): 86-89.

［40］李树文, 康敏娟. 生态——地质环境承载力评价指标体系的探讨［J］. 地球与环境, 2010 (1): 85-90.

［41］李松梧, 王星云. 城市开发怎样留住原生态［J］. 湿地科学与管理, 2009 (12): 44-45.

［42］李伟, 宫朝岩, 纪枚林. 大型综合开发项目土地操作模式［J］. 中国投资, 2005 (8): 114-115.

［43］李艳春. 经济开发区建设过程中应注意的问题及研究——以滨州市经济开发区为例［J］. 消费导刊, 2008 (1): 234-235.

［44］李艳飞, 刘俊业, 张文亮. 基于受益人负担的城市轨道交通项目资金来源研究［J］. 财政研究, 2013 (12): 48-51

［45］李艳飞, 吴绍艳. 建筑市场中承包商机会主义行为治理: 基于非正

式惩罚的视角 [J]. 建筑经济, 2015 (12).

[46] 李艳飞, 杨飞雪. 溢价回收视角下城轨 PPP 项目投资回收模式设计 [J]. 综合运输, 2015 (5): 46 – 51.

[47] 李艳飞. 工程项目"风险所有权"及其交易条件 [J]. 项目管理技术, 2011 (7): 30 – 33.

[48] 李艳飞等. 我国工程项目风险管理制度问题与对策分析 [J]. 项目管理技术, 2010 (2): 79 – 82.

[49] 李艳飞等. 溢价回收视角下的城市生态治理项目建设资金来源研究——从滇池生态保护费谈开去 [J]. 城市发展研究, 2013 (1): 140 – 143.

[50] 理查德·达夫特. 组织理论与设计 [M]. 王凤彬, 张秀萍, 刘松博等译. 北京: 清华大学出版社, 2008.

[51] 林显鹏. 体育场馆建设在促进城市更新过程中的地位与作用研究 [J]. 城市观察, 2010 (6): 5 – 23.

[52] 刘宏伟. 基于模糊综合评价的管理咨询企业顾客满意度研究 [D]. 天津: 天津大学, 2009.

[53] 刘坤, 王建国, 唐芃. 我国城市更新过程中的居住空间发展——以改革开放以来南京老城的城市更新为例 [J]. 城市建筑, 2011 (3): 40 – 42.

[54] 刘丽萍, 和丽萍, 茹菁宇. 昆明市环境承载力空间管治研究 [J]. 环境保护科学, 2011 (4): 72 – 74.

[55] 龙腾飞, 施国庆, 董铭. 城市更新利益相关者交互式参与模式 [J]. 城市问题, 2008 (6): 48 – 53.

[56] 龙腾锐, 姜文超, 何强. 水资源承载力内涵的新认识 [J]. 水利学报, 2004 (1): 38 – 45.

[57] 龙志和, 任通先, 李敏等. 广州市城市综合承载力研究 [J]. 科技管理研究, 2010 (5): 204 – 208.

[58] 卢小丽, 武春友, 于海峰. 旅游社会承载力的量测及管理研究 [J]. 南开管理评论, 2005 (1): 75 – 77.

[59] 陆青翠. 大学城建设留下的思索 [J]. 福建建筑, 2007 (6): 12 – 13, 16.

[60] 罗伯特·威索基. 有效的项目管理: 面向传统、敏捷、极限项目 [M]. 费琳译. 北京: 电子工业出版社, 2011.

[61] 罗彦, 朱荣远, 蒋丕彦. 城市再生: 紧约束条件下城市空间资源配

置的策略研究——以深圳市福田区为例 [J]. 规划师, 2010 (3): 42 – 46.

[62] 欧朝敏, 刘仁阳. 长株潭城市群城市综合承载力评价 [J]. 湖南师范大学自然科学学报, 2009 (9): 108 – 112.

[63] 潘海生. 大学集群和谐发展的机制研究 [D]. 天津: 天津大学, 2008.

[64] 潘华山. 广州大学城2010年亚运会场馆及配套设施建设情况的调查研究 [J]. 内蒙古体育科技, 2008 (3): 67 – 68, 78.

[65] 戚安邦. 项目管理学 [M]. 北京: 科学出版社, 2007.

[66] 任通先. 城市承载力研究进展浅析 [J]. 技术与市场, 2009 (10): 48.

[67] 任云兰, 郭力君. 天津城市更新改造的探索与实践 [J]. 城市发展研究, 2009 (3): 中彩3 – 6.

[68] 邵慰. 城市房屋拆迁制度研究 [D]. 大连: 东北财经大学博士论文, 2010.

[69] 沈璐. 大型项目对城市发展和城市管理的影响 [J]. 北京规划建设, 2009 (2): 31 – 33.

[70] 石琴, 李华, 冯梅. 大学城建设中失地农民的社会保障问题研究——以重庆大学城为个案 [J]. 重庆大学学报 (社会科学版), 2010 (3): 75 – 80.

[71] 宋军. 大学城建设与城市发展的互动 [J]. 城市问题, 2011 (6): 48 – 51.

[72] 宋永才, 金广君. 论大型建设项目在城市经营中的作用 [J]. 华中建筑, 2008 (9): 144 – 148.

[73] 宋煜. 大型项目的发展与欧洲城市建设 [J]. 国际城市规划, 2009 (3): 65 – 71.

[74] 《投资项目可行性研究指南》编写组. 投资项目可行性研究指南 [M]. 北京: 中国电力出版社, 2002.

[75] 田银生, 宋海瑜. 大学城建设与城市发展——以郑州龙子湖大学城规划为例 [J]. 规划师, 2005 (1): 28 – 29.

[76] 童玉芬, 刘广俊. 基于可能——满意度方法的城市人口承载力研究 [J]. 吉林大学社会科学学报, 2011 (1): 152 – 157.

[77] 汪小金. 项目管理方法论 [M]. 北京: 人民出版社, 2011.

[78] 王春晖，董舫．城市更新背景下的历史街区保护研究 [J]．河南科技，2011（11）上：80-81．

[79] 王丹．城市承载力空间差异分析方法 [J]．生态学报，2011，31（5）：1419-1429．

[80] 王方，王文宇，赵晖．城市边缘区大型建设项目通道交通分析 [J]．交通运输系统工程与信息，2009（12）：26-31．

[81] 王嫄，王泽坚，朱荣远．深圳市大剧院—蔡屋围中心区城市更新研究——探讨城市中心地区更新的价值 [J]．城市规划，2011（1）：39-45．

[82] 王萌，李燕，张文新．基于 DEA 方法的城市更新绩效评价——以北京市原西城区为例 [J]．城市发展研究，2011（10）：90-96．

[83] 王腾，曹新建．轨道交通站点地区的城市更新策略——基于中外大城市实践的横向比较 [J]．城市轨道交通研究，2011（11）：33-40．

[84] 王运霞等．城市建设项目交通影响评价方法研究 [J]．中国公共安全·学术版，2011（2）：94-97．

[85] 王桢桢．城市更新的利益共同体模式 [J]．城市问题，2010（6）：85-90．

[86] 魏传立．大学城建设的公共政策分析 [J]．黑龙江高教研究，2007（10）：36-38．

[87] 文首文．发达地区与欠发达地区旅游社会承载力比较 [J]．经济地理，2008（9）：887-890．

[88] 吴卫平．城市更新全方位改造旧城区 [J]．城市开发，2010（9）：70-71．

[89] 吴贤国，王瑞，陈跃庆．城市大型交通工程建设项目社会风险评价研究 [J]．华中科技大学学报，2009（12）：25-28．

[90] 伍炜．低碳城市目标下的城市更新——以深圳市城市更新实践为例 [J]．城市规划学刊，2010（7）：19-21．

[91] 夏南凯，宋海瑜．大规模城市开发风险研究的思路与方法 [J]．城市规划学刊，2007（6）：84-89．

[92] 夏南凯，宋海瑜．城市开发风险的系统分析和应对策略 [J]．同济大学学报，2008（8）：39-46．、

[93] 夏振翔，蔡逸峰．城市外围区交通枢纽联合开发中的交通问题研究 [J]．交通与运输，2010（7）：45-51．

［94］相震．城市环境复合承载力研究［D］．南京：南京理工大学，2006．

［95］肖明辉．停车难折射城市开发中的问题［J］．城市开发，2007（5）：62 - 63．

［96］徐建．社会排斥视角的城市更新与弱势群体［D］．上海：复旦大学，2008．

［97］许炳，徐伟．我国大学城建设的模式及功能［J］．现代教育科学，2005（1）：29 - 32．

［98］杨柳等．河北省城市综合承载力分析与对策研究［J］．河北工业科技，2010（7）：264 - 268．

［99］杨绮文，李鸣正，杨晓川．城市更新下的场所文脉营造——以广州人民南改造项目为例［J］．城市建筑，2011（9）：112 - 115．

［100］杨晓庄．城市开发与城市发展中的危机管理［J］．哈尔滨商业大学学报，2008（2）：76 - 79．

［101］姚毓春，宋冬林．资源枯竭型地区转型的社会承载力研究［J］．当代经济研究，2011（5）：39 - 42．

［102］叶伟雄，彭新一．广东省大学城建设的比较与分析［J］．华南理工大学学报（社会科学版），2007（6）：61 - 64．

［103］叶裕民．解读城市综合承载能力［J］．前线，2007（4）．

［104］殷培杰，杜世勇，白志鹏．2008 年山东省 17 城市生态承载力分析［J］．环境科学学报，2011，31（9）：2048 - 2057．

［105］尹应梅．广州大学城公共交通现状调查分析与对策［J］．交通与运输，2009（7）：117 - 120．

［106］应星．草根动员与农民群体利益的表达机制［J］．社会学研究，2007（2）：18 - 25．

［107］宇鹏，李健雄．相对环境承载力与压力的计算［J］．广西师范学院学报：自然科学版，2011（6）：62 - 65．

［108］张凤娥，王新军．上海城市更新中公共绿地的规划研究［J］．复旦学报（自然科学版），2009（2）：106 - 110，116．

［109］张其邦．城市更新的更新地、更新时（期）与更新度理论研究［D］．重庆：重庆大学，2007．

［110］张艳．走向政府——市场互动的城市新区开发［J］．城市规划汇

刊，2002（2）：54 – 56.

[111] 张烨．合肥市城市更新模式初探 [J]．安徽建筑，2009（5）：31 – 33.

[112] 赵楠等．北京市基础设施承载力指数与承载状态实证研究 [J]．城市发展研究，2009（4）：68 – 75.

[113] 中国社会科学院语言研究所词典编辑室．现代汉语词典 [M]．北京：商务印书馆，1996：698.

[114] 周素红，杨利军．城市开发强度影响下的城市交通 [J]．城市规划学刊，2005（2）：75 – 81.

[115] 周晓，傅方煜．由广东省"三旧改造"引发的对城市更新的思考 [J]．现代城市研究，2011（8）：82 – 89.

[116] 朱焕彬，杨建军，周雯．基于城市更新的 RBD 建设思考——以杭州武林女装街地块城市设计为例 [J]．华中建筑，2011（6）：94 – 97.

[117] 朱鹏．城市综合承载力结构模型和相互作用机制研究 [J]．北方经济，2011（8）：3 – 4.

[118] 朱劢．大型城市项目规划建设对城市空间的影响——以上海世博会为例 [J]．规划师，2006（11）：16 – 18.

[119] 邹华钧．兰州市旧城改造与城市更新问题初探——几组兰州新旧时代城市建设照片所引发的思索 [J]．甘肃科技，2009（7）：9 – 11.

二、英文文献

[1] Alan Altshuler. Mega-projects: the changing politics of urban public investment [M]. The Brookings Institution, 2003.

[2] Alastair Adair, Jim Berry, Stanley McGreal. The financing of urban regeneration [J]. Land Use Policy, 2000, 17 (4): 147 – 156.

[3] Alexis Saveriades. Establishing the social tourism carrying capacity for the tourist resorts of the east coast of the Republic of Cyprus [J]. Tourism Management, 2000, 21 (4) 147 – 156.

[4] Andrew Church. Transport and urban regeneration in London Docklands: A victim of success or a failure to plan? [J]. Cities, 1990, 7 (11): 293 – 330.

[5] Anne Power. Does demolition or refurbishment of old and inefficient homes help to increase our environmental, social and economic viability? [J]. Energy Pol-

icy, 2008, 36: 4487 - 4501.

［6］Ayman Hassaan Ahmed Mahmoud, Marwa Adel El-Sayed. Development of sustainable urban green areas in Egyptian new cities: The case of El-Sadat City ［J］. Landscape and Urban Planning, 2011, 101 (5): 157 - 170.

［7］Chris Couch, Annekatrin Dennemann. Urban regeneration and sustainable development in Britain ［J］. Cities, 2000, 17 (4): 137 - 147.

［8］Christopher Tweed, Margaret Sutherland. Built cultural heritage and sustainable urban development ［J］. Landscape and Urban Planning, 2007, 83 (12): 62 - 69.

［9］Chung S. A conceptual model for regional environmental planning centered on carrying capacity measures ［J］. Korean J. Region Sci. , 1988, 4 (2): 117 - 128.

［10］Cuadra M. , Bjorklund J. Assessment of economic and ecological carrying capacity of agricultural crops in Nicaragua ［J］. Ecological Indicators, 2007, 7 (1): 133 - 149.

［11］Doick K. J. , Sellers G. , Castan-Broto V. Understanding success in the context of brownfield greening projects: The requirement for outcome evaluation in urban greenspace success assessment ［J］. Urban Forestry & Urban Greening, 2009, 8: 163 - 178.

［12］D. O. Olanrewaju. Urban infrastructure: a critique of urban renewal process in Ijora Badia, Lagos ［J］. Habitat International, 2001, 25 (9): 373 - 384.

［13］Elisa Conticelli. Assessing the potential of railway station redevelopment in urban regeneration policies: an Italian case study ［J］. Procedia Engineering, 2011, 21: 1096 - 1103.

［14］Francis T. Edum-Fotwe, Andrew D. F. A social ontology for appraising sustainability of construction projects and developments ［J］. International Journal of Project Management, 2009, 27 (5): 313 - 322.

［15］Fuju Xie, Mingxi Zheng, Hong Zhang. Research on Ecological Environmental Carrying Capacity in Yellow River Delta ［J］. Energy Procedia, 2011, 5: 1784 - 1790.

［16］Gabriel M. Ahlfeldt. Blessing or curse? Appreciation, amenities and resistance to urban renewal [J]. Regional Science and Urban Economics, 2011, 41 (1): 32 -45.

[17] Giuseppe Munda. Social multi-criteria evaluation for urban sustainability policies [J]. Land Use Policy, 2006, 23 (1): 86 -94.

[18] Godschalk D. R. , Parker F. H. Carrying capacity: a key to environmental planning [J]. Soil Water Conserv. 1975, 30: 160 - 165.

[19] Gonzalo Fernández-Sánchez, Fernando Rodríguez-López. A methodology to identify sustainability indicators in construction project management—Application to infrastructure projects in Spain [J]. Ecological Indicators, 2010, 10 (11): 1193 - 1201.

[20] Guangshe Jia, Fangjun Yang, Guangbin Wang, et al. A study of mega project from a perspective of social conflict theory [J]. International Journal of Project Management, 2011, 29 (10): 817 -827.

[21] Guangshe Jia, Yuting Chen, Xiangdong Xue. Program management organization maturity integrated model for mega construction programs in China [J]. International Journal of Project Management, 2011, 29 (10): 834 -845.

[22] Guohua Chen, Tao Liang, Huawen Zhang. Study on the methodology for evaluating urban and regional disaster carrying capacity and its application [J]. Safety Science, 2009, 47 (1): 50 -58.

[23] Hansen N. Unbalanced Growth and Regional Development [J]. Western Economic Journal, 1965, 4: 3 - 14.

[24] Hisa Morisugi, Eiji Ohno. Proposal of a benefit incidence matrix for urban development projects [J]. Regional Science and urban Economics, 1995, 25 (8): 461 -481.

[25] Jeffrey R. Kenworthy, Felix B. Laube. Automobile dependence in cities: an international comparison of urban transport and land use patterns with implications for sustainability [J]. Environment Impact Assessment Review, 1996, 16 (7 -11): 279 -308.

[26] Jeonghwa Yi, Theo Hacking. Incorporating climate change into environmental impact assessment: perspectives from urban development projects in South Korea [J]. Procedia Engineering, 2011, 21: 907 -914.

[27] Jim C. Y. Holistic research agenda for sustainable management and con-

servation of urban woodlands [J]. Landscape and Urban Planning, 2011, 100 (4): 375 – 379.

[28] John McCarthy, S. H. Alan Pollock. Urban regeneration in Glasgow and Dundee: a comparative evaluation [J]. Land Use Policy, 1997, 14 (4): 137 – 149.

[29] John Morrissey, Usha Iyer-Raniga, Patricia McLaughlin, et al. A Strategic Project Appraisal framework for ecologically sustainable urban infrastructure [J]. Environmental Impact Assessment Review, 2012, 33 (2): 55 – 65.

[30] Jung-Ho Yu, Hae-Rim Kwon. Critical success factors for urban regeneration projects in Korea [J]. International Journal of Project Management, 2011, 29 (10): 889 – 899.

[31] Kampeng Lei, Shaoqi Zhou. Per capita resource consumption and resource carrying capacity: A comparison of the sustainability of 17 mainstream countries [J]. Energy Policy, 2012, 42 (3): 603 – 612.

[32] Kenneth Arrow, Bert Bolin, Robert Costanza. Economic growth, carrying capacity, and the environment [J]. Ecological Economics, 1995, 15: 91 – 95.

[33] Kjell Nilssona, Ulrika A. kerlundb, Cecil C. Konijnendijk. Implementing urban greening aid projects-The case of St. Petersburg, Russia [J]. Urban Forestry & Urban Greening, 2007, 6 (5): 93 – 101.

[34] Kozlowski J. M. Sustainable Development in Professional Planning: a Potential Contribution of the EIA and UET Concepts [J]. Landscape and Urban Plan, 1990, 19 (4): 307 – 332.

[35] Kurt R. Wetzel, John F. Wetzel. Sizing the earth: recognition of economic carrying capacity [J]. Ecological Economics, 1995, 12 (1): 13 – 21.

[36] Kyushik Oh, Yeunwoo Jeong, Dongkun Lee. Determining development density using the Urban Carring Capacity Assessment System [J]. Landscape and Urban Planning, 2005, 73 (8): 1 – 15.

[37] Kyushik Oh. Visual threshold carrying capacity (VTCC) in urban landscape management: A case study of Seoul, Korea [J]. Landscape and Urban Planning, 1998, 39 (1): 283 – 294.

[38] Linyu Xu, Peng Kang, Jinjin Wei. Evaluation of urban ecological carrying capacity: a case study of Beijing, China [J]. Procedia Environmental Sci-

ences, 2010, 2: 1873 – 1880.

[39] Linyu Xu, Xiaodong Xie. Theoretic Research on the Relevant Concepts of Urban Ecosystem Carrying Capacity [J]. Procedia Environmental Sciences, 2012, 13: 863 – 872.

[40] Lisa Bornstein. Mega-projects, city-building and community benefits. City [J]. Culture and Society, 2010, 4 (12): 199 – 206.

[41] Li-Yin Shen, J. Jorge Ochoa, Mona N. Shah ect. The application of urban sustainability indicators: A comparison between various practices [J]. Habitat International, 2011, 35 (1): 17 – 29.

[42] Marco Ascione, Luigi Campanella, Francesco Cherubini. Environmental driving forces of urban growth and development: An energy-based assessment of the city of Rome, Italy [J]. Landscape and Urban Planning, 2009, 93 (12): 238 – 249.

[43] Margareta Lundin, Gregory M. Morrison. A life cycle assessment based procedure for development of environmental sustainability indicators for urban water systems [J]. Urban Water, 2002, 4 (6): 145 – 152.

[44] Marina Alberti. Measuring urban sustainability [J]. Environment Impact Assessment Review, 1996, 16: 381 – 424.

[45] Mark Deakin, Fiona Campbell, Alasdair Reid. The mass-retrofitting of an energy efficient-low carbon zone: Baselining the urban regeneration strategy, vision, master plan and redevelopment scheme [J]. Energy Policy, 2012, 45 (6): 187 – 200.

[46] Mark Hostetler, Will Allen, Colin Meurk. Conserving urban biodiversity? Creating green infrastructure is only the first step [J]. Landscape and Urban Planning, 2011, 100: 369 – 371.

[47] McIntyre N. E. , Rango J. , Fagan W. F. Ground arthropod community structure in a heterogeneous urban environment [J]. Landscape and Urban Planning, 2001, 52 (1): 257 – 274.

[48] Mendel Giezen. Keeping it simple? A case study into the advantages and disadvantages of reducing complexity in mega project planning [J]. International Journal of Project Management, 2012, 30 (7): 781 – 790.

[49] Moira L. Zellner, Thomas L. Theis, Arunprakash T. Karunanithi. A

new framework for urban sustainability assessments: Linking complexity information and policy [J]. Computers, Environment and Urban Systems, 2008, 32 (11): 474 – 488.

[50] Murray I. Ray, K. L. Nelson. An innovative sustainability assessment for urban wastewater infrastructure and its application in Chengdu, China [J]. Journal of Environmental Management, 2009, 90 (8): 3553 – 3560.

[51] Oh K., Jeong Y., Lee D., Lee W. An Intergrated Framework for the Assessment of Urban Carrying Capacity [J]. Korea Plan Assoc, 2002, 37 (5): 7 – 26.

[52] Patsy Healey. The institutional challenge for sustainable urban regeneration [J]. Cities, 1995, 12 (8): 221 – 230.

[53] Peng Kang, Linyu Xu. The urban ecological regulation based on ecological carrying capacity [J]. Procedia Environmental Sciences, 2010, 2: 1692 – 1700.

[54] Rauno Sairinen, Satu Kumpulainen. Assessing social impacts in urban waterfront regeneration [J]. Environmental Impact Assessment Review, 2006, 26 (1): 120 – 135.

[55] Roberta Capello, Alessandra Faggian. An economic-ecological model of urban growth and urban externalities: empirical evidence from Italy [J]. Ecological Economics, 2002, 40 (2): 181 – 198.

[56] R. Z. Liu, Alistair G. L. Borthwick. Measurement and assessment of carrying capacity of the environment in Ningbo, China [J]. Journal of Environmental Management, 2011, 92 (8): 2047 – 2053.

[57] Sau Kim Lum, Loo Lee Sim, Lai Choo Malone-Lee. Market-led policy measures for urban redevelopment in Singapore [J]. Land Use Policy, 2004, 21 (4): 1 – 19.

[58] Schell L. M. Ulijaszek S. J. Health and Human Biology in Industrialized Countries [M]. London Cambridge University Press, 1999: 59 – 60.

[59] Schneider D. M., Godschalk D. R., Axler N. The Carrying Capacity Concept as a Planning Tool [R]. American Planning Association, Planning Advisory Service Report 338. Chicago, 1978.

[60] Shu-Li Huang, Jui-Hao Wong, Tzy-Chuen Chen. A framework of indi-

cator system for measuring Taipei's urban sustainability [J]. Landscape and Urban Planning, 1998, 42 (7): 15 – 27.

[61] Stephan Barthel, Carl Folke, Johan Colding. Social-ecological memory in urban gardens—Retaining the capacity for management of ecosystem services [J]. Global Environmental Change, 2010, 20 (5): 255 – 265.

[62] Tian-Xiang Yuea, Yong-Zhong Tian, Ji-Yuan Liu. Surface modeling of human carrying capacity of terrestrial ecosystems in China [J]. Ecological Modeling, 2008, 214 (6): 168 – 180.

[63] Tomás Gómez-Navarro, Mónica García-Melón, Silvia Acuña-Dutra, et al. An environmental pressure index proposal for urban development planning based on the analytic network process [J]. Environmental Impact Assessment Review, 2009, 29 (9): 319 – 329.

[64] Tony Prato. Fuzzy adaptive management of social and ecological carrying capacities for protected areas [J]. Journal of Environmental Management, 2009, 90 (6): 2551 – 2557.

[65] T. Rajarama, Ashutosh Das. Screening for EIA in India: Enhancing effectiveness through ecological carrying capacity approach [J]. Journal of Environmental Management, 2011, 92 (1): 140 – 148.

[66] Ugwu, T. C. Haupt. Key performance indicators and assessment methods for infrastructure sustainability—a South African construction industry perspective [J]. Building and Environment, 2007, 42 (2): 665 – 680.

[67] UNESCO, FAO. Carrying capacity assessment with apilot study of Kenya: a resource accounting methodology for sustainable development [M]. Paris and Rome, 1985.

[68] Vishesh Kumar, John W. Sutherland. Development and assessment of strategies to ensure economic sustainability of the U. S. automotive recovery infrastructure [J]. Resources, Conservation and Recycling, 2009, 53 (6): 470 – 477.

[69] Wei Jin, Linyu Xu, Zhifeng Yang. Modeling a policy making framework for urban sustainability: Incorporating system dynamics into the Ecological Footprint [J]. Ecological Economics, 2009, 68 (10): 2938 – 2949.

[70] Weining Xiang, Robyn M. B. Stuber, Xuchu Meng. Meeting critical challenges and striving for urban sustainability in China [J]. Landscape and Urban

Planning, 2011, 100 (4): 418 – 420.

[71] Ying Li, Tingting Guo, Jing Zhou. Research of Ecological Carrying Capacity—Comprehensive Evaluation Model [C]. Procedia Environmental Sciences, 2011, 11part B: 864 – 868.

[72] Ying Li, Tingting Guo, Jing Zhou. Research of Ecological Carrying Capacity—Comprehensive Evaluation Model [J]. Procedia Environmental Sciences2011, 11: 864 – 868.

[73] Yingxuan Zhang, Min Chen, Wenhua Zhou. Evaluating Beijing's human carrying capacity from the perspective of water resource constraints [J]. Journal of Environmental Sciences, 2010, 22 (8): 1297 – 1304.

[74] Zhaoxue Li, Linyu Xu. Evaluation indicators for urban ecological security based on ecological network analysis [C]. Procedia Environmental Sciences, 2010, 2: 1393 – 1399.

[75] Zihai Shi, Masaaki Nakano, Hiroshi Tanaka ect. A separate method for evaluating the ultimate load-carrying capacity of aging and renovated sewage structures [J]. Construction and Building Materials, 2001, 15: 271 – 282.